# 道 德 经

## （汉英对照）

魏国平 著

上海文化出版社

**图书在版编目（CIP）数据**

道德经：汉英对照/魏国平著. —上海：上海文化出版社，2025. 6. —ISBN 978 - 7 - 5535 - 3223 - 3

Ⅰ. B223. 1

中国国家版本馆 CIP 数据核字第 20251QK052 号

出 版 人：姜逸青
责任编辑：吴志刚　王宇海
插图绘画：刘知白
封面设计：王　伟
策　　划：董　耿

书　　名：道德经（汉英对照）
作　　者：魏国平
出　　版：上海世纪出版集团　上海文化出版社
地　　址：上海市闵行区号景路 159 弄 A 座 3 楼　201101
发　　行：上海文艺出版社发行中心
　　　　　上海市闵行区号景路 159 弄 A 座 2 楼　201101
印　　刷：上海新华印刷有限公司
开　　本：787×1092　1/32
印　　张：8. 375
版　　次：2025 年 8 月第一版　2025 年 8 月第一次印刷
书　　号：ISBN 978 - 7 - 5535 - 3223 - 3/I・1248
定　　价：78. 00 元

# 序

吾国之学术，源于三代之王官。自周室东迁，共主衰微，王命不行，诸侯恣肆，畴人子弟分散，或在诸夏，或在夷狄，而有百家之学兴起。古人之泛称百家，自《庄》《荀》始。前书之《天下篇》言“悲夫！百家往而不反，必不合矣！后世之学者，不幸不见天地之纯，古人之大体。道术将为天下裂”；后书之《解蔽篇》言“凡人之患，蔽于一曲，而暗于大理。治则复经，两则疑惑矣。天下无二道，圣人无两心。今诸侯异政，百家异说，则必或是或非，或治或乱”，又言“夫道者，体常而尽变，一隅不足以举之。曲知之人，观于道之一隅，而未之能识也，故以为足而饰之，内以自乱，外以惑人，上以蔽下，下以蔽上，此蔽塞之祸也。孔子仁知且不蔽，故学乱术足以为先王者也。一家得周道，举而用之，不蔽于成积也。故德与周公齐，名与三王并，此不蔽之福也”。

至汉初司马迁《太史公自序》记其父谈之言，有六家之分；班固本于刘向、刘歆父子，而作《汉艺文志》，有十家之分。前书言“夫阴阳、儒、墨、名、法、道德，此务为治者也，直所从言之异路，有省不省耳”，后书言“诸子十家，其可观者九家而已。皆起于王道既微，诸侯力政，时君世主，好恶殊方，是以九家之术蜂出并作，各引一端，崇其所善，以此驰说，取合诸侯。其言虽殊，辟犹水火，相灭亦相生也”。由晋至隋，经、史、子、集之四部分类乃定，延而至明清。历代儒者之言学术之分类，经史为先，而《老子》之书，归于子部，且为二氏之外学之一，如前清乾隆朝官修《四库全书总目》，其《子部总叙》言：“二氏，外学也，故次以释家、道家终焉。”

自民初以来，绩溪胡氏（适）倡“诸子不出于王官”之谬说，新派人士群起而附之，由此则经史与儒家，已然没落，而子部之法、道、墨、释、小说诸家，反为显学，此学术之一变也。古人于三代两汉之书，多心持“我注六经”之念，即超迈之姿如陆子静（九渊）“六经皆我注脚”者，亦先言“学苟知本”。至乎民初，则不然矣，如义宁陈氏（寅恪）《刘叔雅庄子补正序》所斥云：“夫彼之所谓古本者，非神州历世共传之古本，而苏州金人瑞胸中独具之古本也。由是言之，今日治先秦子史之学，与先生所为大异者，乃以明清放浪之才人，而谈商周邃古之朴学。其所著书，几何其不为金圣叹胸中独具之古本也，而欲以之留赠后人，焉得不为古人痛哭耶?”有冥行擿埴、逞臆妄说者，必有从风而靡、踵事增华者，此学术之二变也。此学术之二变后，学者大率皆以欧美苏俄之哲学而论诸子百家之书，其中多有生吞活剥、郢书燕说、牵强比附、呼卢喝雉如绩溪胡氏之流者，然今人亦不可谓以中西会通而言诸子百家之哲理为不可也。

盖古人之论诸子百家，多以治术而言之，即今“政治治理”之意。司马迁《太史公书》，以老子与韩非同传，已有深意，而班固则言其“论大道，则先黄老而后六经”，此指其父谈可也，指迁则过之耳。《汉书·艺文志》言：“道家者流，盖出于史官，历记成败存亡祸福古今之道，然后知秉要执本，清虚以自守，卑弱以自持，此君人南面之术也。合于尧之克攘，《易》之嗛嗛，一谦而四益，此其所长也。及放者为之，则欲绝去礼学，兼弃仁义，曰独任清虚可以为治。”此论虽发于近两千年前，至今而不可尽废矣。至魏晋之乱世，名士聚林下以避祸，借老庄以谈玄，后之人亦多不以为然也。

古人之书，既多以治术而言诸子百家，然以今观之，并非不可借他山之石以攻玉，此即吾前言以中西会通而言诸子百家之哲理者，然今以天下之滔滔，佳者实不易得也。

学者以中西会通而言《老子》之哲理，自近世之侯官严氏（复）始。严氏早年游于英伦，兼习理工哲学，于吾国旧学，亦造诣精深，故能有会通之意。今魏君国平，长于理工，古道热肠，雅好文学，多有诗作。近数年来，魏君专攻《老子》，几无日不废研习，如切如磋，如琢如磨，颇有心得，似有新意，侯官严氏之书，亦为其所重，后又以白话文与英文之双语译《老子》，此海内外之为首创。今魏君书成，索序于予。予于二氏之学向无深得，然盛情难却，亦感于魏君之勤勉，故不揣谫陋，略述数语以序之。

周　鲁

西历二〇二四年三月作于南京

# 目录



## 上　篇

## 下　篇

# 上篇

月照鱼池上，<br>游鱼映月宫。<br>天然多奥意，<br>宜入画图中。

如莲老人并题

# 引 言

《道德经》是一部逻辑学和哲学书。它谈及道与德的关系，人与自然的关系等方面，是一部经书。其特征：简练抽象，与事物的关联合适，经常读经常会有新的感悟，其内涵外延指示范围大。《道德经》五千余字，是一部人类历史上运用中国特有的数和道理（物语）彼此穿越文法写就的华章，其亦在于汉语言文字体系性支撑。汉语，语言学家弗迪南·德·索绪尔称它是第二语言，即除去所谓上帝语言之论。《道德经》即在运用这样的语言论述人与自然、人与人的关系，以及变化、和合。反对，是合作吗？正、反、合，这是什么逻辑？道也。哲学家黑格尔应当读过一些中国经典之译。

《道德经》开篇句子："道可道也，非常道也；名可名也，非常名也。"这两句话是一个意思？它们在互释，还是在建立道与名之关系？这两个句子，也是解读老子《道德经》的一把钥匙，其中涉及中国名学（逻辑学）和所谓哲学

（周道学）。读懂这两句，《道德经》读懂过半矣。读懂这两句，对于我们阅读古文言的其他经典文本也十分重要。道，是一个词；名也是。道和名是名词，是动词，也是动名词。汉字，由字符（器）和音符（音名）构成，均有其符号学意义，而符号是重要的思维工具。名，有对应的内涵和外延，例如河这个字的音名 he 所辖字器有和、禾、喝、合、核等，这里也可鉴我们的先祖造字赋音之思想。道这个字有专名（第二十五章，哲学意义的道），和一般常用名：道路，道说，行道（践行）。名，无名是名之专名？无名（蕴含丰富的名）天地始。原始返终。

神州古籍，托物言理归于常识。故《道德经》中事物的名尤其重要且不可忽视，例如第一章的众多神秘出现的那个众妙之“门”在这部经书中十分关键，关乎美妙的太极。一扇门之奥妙：从高处俯视其转动开合，于某种速率变化时，其所扫描的面积（正与负，阴与阳）即可以绘出太极概念图，关联一些运动和数学概念，微分和积分，连续、离散、阶跃等，它也是我们观察万事万物基本方法之“门”。《道德经》第一章这个门即以“众妙”之“门”出现，显然圣人老子非常清晰地知道关于门那些概念。

“自然”而燃[1]。《道德经》文本以自然之道、自然之

[1] 然，古字燃也。意指无雷电等因素影响，草木自发燃烧。

德作为基本方向和底色；其汉语行文，在自然结构之语言文字体系性支撑下完成。其中，思维的重要载体：音符以及变化、字符以及变化等技艺，在文本中普遍运用，于此关联所谓隐语、隐喻、诗语，其间字器甄选于音，涉及数学矩阵思维概念，而所谓春秋笔（语）法与这些技艺相关。东、西方均有自己的春秋语法，并在于各自的语言文字体系性支撑。

关于道和德，哲学家康德谈论过。康德关于道德律的句子，有一种有意义的英文版本：

> “Two things fill the mind with ever new and increasing admiration and reverence, the more often and more steadily one reflects on them: the starry heavens above me and the moral law within me.”

上述英文句子的解读：两类（无限的）事物充满我心并跟随永远新鲜和增加的钦佩和敬畏，归于那个式（世界的式），稳定于“一”并映射（思考）它们：布满星星的天际，我，和于心中道德律（规律、法则）。在这里，the moral law 类同于《道德经》之道德（Dao De），而 law 类同于道。也就是说，一般所言之道德并非我们这部经书之道德。《道德经》也大量论及“二”，它就是阴、阳，是 0、1，同样需要赋值，是无限的，也是一对关系且可以有无数的组合。归于道，人在其中矣。

中国的名学[1]（Zhouyi-Nameism）、周道学[2]（Zhouyi-Daoism）与西方逻辑学、哲学的关系如何？民国时期北京大学校长严复将 John Stuart Mill 所作 *A System of Logic, Ratiocinative and Inductive*（《逻辑体系，推理与归纳》）对译成：穆勒名学。由此可见，严复读《道德经》有心得者也。名学约等于逻辑学，严复如此认识，我也如此认识：所谓逻辑即那些关系，名之连接、跨越也涉及那些关系，涉及名对应那些事物的内在本质。而哲学的英语单词：Philosophy，源自希腊词：φιλοσοφία，是一个联合词组，由朋友与智慧结构而成，本意当谓：与智慧为朋友。依据阅读东、西方经典《诗经》《周易》《道德经》《逻辑学》《实践理性的批判》等文本，认为所谓哲学即周道学。“道可道也，非常道也；名可名也，非常名也”。归于哲学意义之名和道说而已矣。子曰：“辞达而已矣。”（言辞仅仅于变化抵达二）根本在其具体内容，应当是人类生存智慧、觉悟，以及一些

---

[1] 中国名学即《周易》名学，名学约等于所谓逻辑学。英译为：Zhouyi-Nameism。

[2] 周道学即《周易》道学，英译为：Zhouyi-Daoism。周道学由《周易》《道德经》《诗经》等中国经典文本构成，其约等于所谓哲学。

关系的现实处理和安排。所谓二：阴阳之数字抽象，太极图（参见第12页）归于这个二之所辖，它是最大和最普遍的逻辑关系，所谓什么意义由此生发，所谓哲学由此生发，在这里所谓逻辑与所谓哲学合二为一。那归于道。

关于周道学与名学及其关系，未来应当有专门文章论述之。所谓周（易）道学即中国经典《周易》《道德经》《诗经》等经典文本构成的哲学体系，所谓名学即依据《周易》基本原理演绎的逻辑学体系。《道德经》道之专名，与中国文化宗经《周易经》道之概念等同。

中国名学有一个经典案例，即《诗经》第一首开篇句子："关关雎鸠，在河之洲。"由此句可解读出："关关俱究，在和知周。"这里当然涉及名学、周道学的关系。正如"道可道也非常道也；名可名也非常名也"是解读老子《道德经》的一把钥匙，"关关雎鸠，在河之洲"也是解读《诗经》的一把钥匙。《诗经》《道德经》均是圣人依照《周易》基本原理、现实与自然的种种制作的文本。《诗经·关雎》开篇句子解读由湖南尹晓春先生完成，这个解读也涉及维特根斯坦（Ludwig Josef Johann Wittgenstein）《逻辑哲学论》（*Tractatus Logico-Philosophicus*）中之基础句。而《道德经》此译注本中的一些句子，尤其"而"字训为"二"，正是遵循《周易》基本原理以及圣人指示作的具体实践和运用。"道可道也，非常道也；名可名也，非常名也"。名学的另外一个案例，即文圣孔子《论语·学而第一》开篇句："学而时习之，不亦说乎？"我的解读："学而/二（混装）时习之，不亦/易（混装）说乎？"关关俱究，在和知周也。这里的二，即阴、阳，刚、柔，美、恶，长、短，难、易，前、后，大、小，高、下，显、隐等。《道德经》开篇句，与《论语》开篇句有异曲同工之妙。这个开篇句"学而/二（混装）时习之，不亦/易说乎？"亦是解读《论语》的一把钥匙。

应当还有一个问题，维特根斯坦著作 *Tractatus Logico-Philosophicus*，出版前他对逻辑与哲学两个词黏连关系不满意，其应当是与罗素（Bertrand Arthur William Russell）、弗雷格（Friedrich Ludwig Gottlob Frege）一样认为：逻辑需要分为哲学逻辑和数学逻辑，而其对几种言语的此书名，多不满意，其中包括拉丁文、德文和英文（参见该书汉译本编译前言）。后正式德、英对照本出版书名为拉丁文"Tractatus Logico-Philosophicus"。翻译成汉语即"名学（逻辑学）与周道学（哲学）关系论"；其书英文名"Philosophical Logic"当对译成"哲学之于逻辑学"。我们看到的是这样一部语言哲学著作。然而，他们这个困惑，在汉语言文字体系建构初期，已为中国先祖注意，并于许多的数（学）与道理彼此穿越的文本中得到较好的解决。圣人李耳之《道德经》即是这样一部著作。可以认为，这部书是两千年前中国的“Tractatus Logico-Philosophicus”。

《道德经》创作大背景。其时周朝式微，各诸侯国为了争夺霸主地位，战争不断，民不聊生。老子身为周朝的守藏史，目睹这些而留下了这部书。

我的阅读和翻译体会：道即自然世界最大和最普遍的规律，也是最广泛存在的逻辑。现实社会中庸之道乃大道。中和，兼顾有无，德在其中矣。

现代汉语译注、校注参照底本，为严复先生《老子道德经评点》载（晋）王弼注本。英译本底本，采用魏国平《道德经》校注版。

特别感谢广东省科学院李陈、南京大学林伟一直以来的鼓励支持。

## 第一章

道可道也，①

① 道，道路，道论，行道之路径、方式方法；践行道路。道、名，均是名词、动词，动名词。第二十五章，老子赋予“道”专名，归于常存之道，道在二之阴阳。

非常道也；②

②《说文》：恒，常也。

名可名也，

非常名也。③

③ 本章前两句依据帛书本和诸注本各增加两个“也”字。

无名天地之始，④

④《说文》：无，亡也。奇字无，通于元者。《说文注》：无，训丰（富）也。

有名万物之母。

故常无欲，

以观其妙（眇）；⑤

⑤ 帛书甲本妙为眇。眇有一种说法：睁一只眼，闭一只眼。《说文》：眇，一目小也。《易·说卦》：“神也者，妙万物而为言者也。”

常有欲，

以观其徼。⑥

⑥《说文》：徼，循也。

此两者同出而异名，[7]

同谓之玄。[8]

玄之又玄，

众妙之门。[9]

⑦ 而字亦训为二。神州古籍，托物言理归于常识。

⑧《说文》：玄，幽远也。黑而有赤色者为玄。象幽而入覆之也。

⑨ 众妙之门。* 一扇门，从高处俯视其转动、开合，它扫过的面积（正、负；阴、阳）于某种速率变化可绘出太极概念图（参见第 12 页），关联数学和运动概念：之于动、静，匀速、变速，微分、积分，连续、离散，旋转、阶跃等；也是我们跟随神性观察世界的基本方法之“门”。毫无疑义，圣人老子（李耳）已懂得其中道理。《道德经》后续章节，可鉴关联众妙之“门”种种思想和演绎。读懂第一章，《道德经》读懂过半矣。

行道、论道及践行道均非是常道；名与各类命名均非是常名。天地之始，无名又蕴藏丰富的名，何时有了一个名——那是万物名之母。故，常无欲观察事物整体之微妙，持续有欲观察其特定之微妙。那二者同时出现于两个不同的名，同谓之神秘。一个神秘和于另一个神秘，是人们跟随神性于各个方向观察万事万物根本方法之“门”。

## 第二章

天下皆知美之为美，[1]

斯恶已。

皆知善之为善，

斯不善已。

故有无相生，难易相成，

长短相较，高下相倾，

音声相和，前后相随。

是以圣人处无为之事，

行不言之教，

万物作焉而不辞，[2]

①《尔雅》：为，造作，为也。

②《说文》：焉，焉鸟，黄色，出于江淮。象形。《说文》：作，起也。居，蹲也。

生而不有，为而不恃，

功成而弗居。[3]

夫唯弗居，是以不去。[4]

③“万物作焉而不辞，生而不有，为而不恃”句之而字，依据《周易》基本原理、六书要义训为二。此间二即阴、阳，有、无，美、恶，难、易，长、短等一对一对的关系，专名道之本也。

④《诗经·葛覃》：“葛之覃兮，施于中谷，维叶萋萋。黄鸟于飞，集于灌木，其鸣喈喈。”喈喈，皆知归也。本章美与恶归于那个门之太极之思。

天下皆知美之纷呈而去追逐美，需要思辨美和恶；世界皆知善之纷呈而去追求善，需要思辨善和不善。有与无相对而生，难和易彼此成就，长和短比较于形状，高和低彼此羡慕，音调和声音相合，前和后相跟随。据此，圣人做一些似乎无所作为的事，行不言语之教；万物兴起于“二”不诉讼但如黄鸟知归，生于“二”不拥有，把握“二”不凭借，对于成功不停留。谁总是不停留，是以不去。

## 第三章

不尚贤，[1]

使民不争；

不贵难得之货，

使民不为盗；

不见可欲，

使民心不乱。

是以圣人之治，

虚其心，实其腹；

弱其志，强其骨。

常使民无知无欲，

①《庄子·徐无鬼》：以德分人谓之圣；以财分人谓之贤。《说文》：贤，多才也。《说文注》：贤，多财也。财，各本作才。今正。贤本多财之称，引申之凡多皆曰贤。

使夫智者不敢为也。[2]

②《尔雅》：为，造作，为也。

为无为，[3]则无不治。

③ 无，与悟与吾同音字也。

不崇尚贤，可令民不追逐其名和利；不去珍贵难得货物，可令民不盗；不见刺激欲望的事物，民心可不乱。圣人正是以这些作为治理之根本，广大其心胸，充实其腹；弱化其争斗好胜之意志，强健其筋骨。常态，使民领悟知识和欲望，令玩弄智慧者不敢胡为。把握领悟无而为，则社会于无而得到治理。

## 第四章

道冲而用之或不盈。[①]

①“道冲而用之或不盈”句而字，依《周易》基本原理和六书要义训为二；古汉语中而字与二字经常语义混装为而/二。此句冲字傅奕本作盅，冲与盅是类音。《中庸·第二十六章》：“天地之道，可一言而尽也。其为物不贰，则其生物不测。”

渊兮似万物之宗。

挫其锐，

解其纷，

和其光，

同其尘。

湛兮似或存，[②]

②《诗·小雅·湛露》：“湛湛露斯。”按，湛，露盛貌。《说文》：湛，没也。

吾不知谁之子，

象帝之先。[③]

③《说文》：帝，谛也。王天下之号也。谛，审也。

道之冲撞（冲击），美妙的“二”用之彼此借贷或可不充满（若虚拟气息进入虚空的茶盅），那深渊似联系于万物之祖宗。挫败其锐的气息，解开其纷繁，随着它的光，同于其尘。那精神和深刻或似存在啊！之于领悟，吾不知那儿子是谁，这美妙的“二”是象帝元初之象。

## 第五章

天地不仁，[①]

以万物为刍狗；

圣人不仁，

以百姓为刍狗。

天地之间，

其犹橐籥乎？[②]

虚而不屈，

动而愈出。[③]

多言数穷，

不如守中。

①《说文》：仁，亲也。

② 橐籥，古之冶炼鼓风吹火装置，犹今之皮风箱。

③《孟子·公孙丑下》：今病小愈，趋造于朝。按，愈，病好转也。“虚而不屈，动而愈出”句之而字，亦训为二。

天地不仁慈，以万物为祭品——那草捆扎的狗；是否圣人不仁，以百姓为祭品——那草捆扎的狗。天和地之间其犹如一个皮囊（风箱）？虚空虚弱那“二”不屈服，那“二”之动似乎病愈带着欲望出现。多言语而数字无穷，不如守住你心中的中。

## 第六章

谷神不死，[1]

是谓玄牝，[2]

玄牝之门，

是谓天地根。[3]

绵绵若存，[4]

用之不勤。

①《尔雅·释水》：谷，水注溪曰谷。《说文》：谷，泉出通川为谷。

②《说文》：牝，畜母也。牡，畜父也。

③《说文》：谓，报也。

④《说文》：绵，联微也。

溪谷之神性不死，是以称为神秘雌性，神秘雌性之门，正是为了报天地根。若它绵绵不断的存在，人们用之不能频繁。

## 第七章

天长地久。

天地所以能长且久者，

以其不自生，故能长生。

是以圣人后其身而身先，

外其身而身存。

非以其无私邪？[1]

故能成其私。

①《诗·小雅·大田》："雨我公田，遂及我私。"《说文》：私，禾也。

天长地久。天和地之所以能长且久者？以其不自我生长，故它们能长生。是以圣人身在别人后而其实在前，置身体于事外而身体存在。非因为其"无"和谐于私？故而，能成就其私。

## 第八章

上善若水。[①]

水善利万物而不争，

处众人之所恶，

故几于道。

居善地，

心善渊，

与善仁，

言善信，

政善治，

事善能，

①《说文》：丄，高也。此古文上，指事也。按，《说文》未收上字，参考丄。

动善时。

夫唯不争，

故无尤。

向上的善若水。水之善利万物而不争夺，处众人之厌恶之地，故几乎接近于道。居于善地，心善如深渊，跟随于善和仁，言的善在于诚信，政治跟随善，做事之善在于能力，动之善在于时。谁承诺不争夺，故无担忧也无特别。

## 第九章

持而盈之，[1]

不如其已。

揣而棁之，[2]

不可长保。[3]

金玉满堂，

莫之能守。

富贵而骄，

自遗其咎。

功遂身退，

天之道。

①《说文》：盈，满器也。

②《说文》：揣，量也。度高曰揣。一曰捶之。《说文》：棁。木杖也。《说文注》：棁，木杖也。《谷梁传·宣十八年》：邾人戕缯子于缯。戕犹残也，棁杀也。棁杀谓杖杀之。

③“持而盈之”“揣而棁之”句而字，亦训为二。

把握那些“二”充满，不如其停止（参见第四章）。揣摩着那些“二”等待杖杀之，不可长保。金玉满堂，莫知谁能守住。富和贵而骄，将自己留下那咎。成功了，身体退出，那是自然之道。

## 第十章

载营魄抱一，[1]能无离乎？

① 《说文》：营，市居也。《说文注》：营，帀居也。帀，各本作市，今依叶抄宋本及《韵会》本订。帀居谓围绕而居，如市营曰阛，军垒曰营，皆是也。

专气致柔，能婴儿乎？

涤除玄览，能无疵乎？

爱民治国，能无知乎？

天门开阖，能无雌乎？

明白四达，能无为乎？

生之、畜之，生而不有，

为而不恃，[2]长而不宰，[3]

② 《说文》：恃，赖也。

③ “生而不有，为而不恃，长而不宰”句中而字，亦训为二。古文中而字“两边”的文字经常具有阴阳相随属性，归于道也。而与二属类音也。“道可道也非常道也；名可名也非常名也。”文字领会终归在于和也。

是谓玄德。

承载萦绕的魂魄抱于一，能够无分离合和于

一？那专门气息于一，极其柔，能返回婴儿吗？清洗那神密镜子，能做到无瑕疵？爱民治国，能够领悟无为吗？那自然之门开阖，能把握那雌性吗？明白于四通八达，能领悟无知吗？生命、畜养，生于“二”不拥有，把握“二”不凭借，生长于“二”不主宰，是谓神秘道之美德。

## 第十一章

三十辐共一毂，[1]

当其无，

有车之用。

埏埴以为器，[2]

当其无，

有器之用。

凿户牖以为室，

当其无，

有室之用。

故有之以为利，

①《说文》：毂，辐所凑也。

② 埏埴，和泥制作陶器。

无之以为用。[3]

③《说文》：有，不宜有也。《说文注》：有，不宜有也。谓本是不当有而有之称，引申遂为凡有之称。凡《春秋》书有者，皆有字之本义也。

三十辐共一毂，善的识别当其无，有一个车的功用。和泥变化制造陶器，善的识别当其无，有器具之功用。开凿门和窗户以变化为室，当其无，有室之功用。故那“存有”知其变化为功用之利，“无”知其变化是为了功用。

## 第十二章

五色令人目盲，

五音令人耳聋，

五味令人口爽，[①]

①《尔雅·释言》：爽，差也，忒也。

驰骋畋猎令人心发狂，

难得之货令人行妨。[②]

②《说文》：妨，害也。

是以圣人为腹不为目，[③]

③《易·说卦传》：坤为腹。《疏》：坤能包藏含容，故为腹也。

故去彼取此。

五色，令人目盲；五音，令人耳聋；五味，令人口味差；驰骋，田地里打猎令人心发狂；难得之货令人们行为有害。是因为这些，圣人为于腹，不为眼睛，故而，离开那个取这个。

## 第十三章

宠辱若惊，[1]

①《说文》：宠，尊居也。

贵大患若身。[2]

②《说文》：若，择菜也。《释名》：贵，归也，物所归仰也。

何谓宠辱若惊？

宠，为下得之若惊，

失之若惊，

是谓宠辱若惊。

何谓贵大患若身？

吾所以有大患者，

为吾有身，

及吾无身，吾有何患！

故贵以身为天下者，

若可寄天下；

爱以身为天下者，

若可托天下。

宠和辱如惊吓，珍贵的大忧患选择身体。何谓宠和辱若惊吓？宠，行为向下者，无论谁得之、失之都会受惊吓，是谓宠和辱同样如受惊吓。何谓珍贵的大忧患，它选择身体？我所以有大忧患，因为我有身，及至那个我无身体，我有何忧患？故珍贵归于那些用身体生命治理天下者，选择之，天下或可以期待；爱，用身体生命治理天下者，选择之，可以托付天下。

## 第十四章

视之不见名曰夷，[1]

听之不闻名曰希，

搏之不得名曰微。[2]

此三者不可致诘，

故混而为一。其上不皦，[3]

其下不昧，[4]绳绳不可名，

复归于无物，[5]是谓无状之状，

无物之象。是谓惚恍。

迎之不见其首，随之不见其后。

执古之道，以御今之有，

①《说文》：视，瞻也。从见示。《说文》：夷，平也。从大从弓。东方之人也。

②《说文》：搏，索持也。一曰至也。

③《说文》：皦，玉石之白也。

④《说文》：昧，爽，旦明也。

⑤《说文》：复，往来也。

能知古始，是谓道纪。

觉察到却看不见，那命名为夷（平坦而变化）；听见它却不知何声音，命名它为希（稀少又希望）；捕捉它又无法获得，命名它为微（小而微妙）。此三者不可相互分开、单独追问，因为它们混而为一于变化。其上面不分明，其下面也不清晰，绳子般纠缠啊，不可以名说，去和来，重复归于无物。正是“无”状态出现的状态，没有一些什么物之形象，是谓恍惚。迎接之，不见其首；跟随之，不见其后面。把握自古出现之道，以驾驭（预测、预判，预防）今之不和于“式”之事物世事。有能力知那个古始，是谓道的纪元（道之极端）。

## 第十五章

古之善为士者，[1]

微妙玄通，

深不可识。

夫唯不可识，

故强为之容。

豫焉若冬涉川，

犹兮若畏四邻，

俨兮其若客（容），[2]

涣兮若冰之将释，

敦兮其若朴，[3]

①《说文》：士，事也。数始于一，终于十。从一从十。孔子曰："推十合一为士。"按，士，有知识，较善于做事者。又古时人群中一类等级称谓。

②《说文》：俨，昂头也。从人严声。

③《说文》：朴，木皮也。从木卜声。

旷兮其若谷，

混兮其若浊。

孰能浊以静之徐清？

孰能安以久动之徐生？

保此道者不欲盈，

夫唯不盈，

故能蔽而不新成。[4]

④“故能蔽而不新成”原作“故能蔽不新成”，《帛书老子校注》帛书乙本作“是以能?（敝）而不成”，傅奕本此句作“是以能蔽而不成”，依据整体阅读此句调整增加而字，而字亦训为二。

古之善作为士者，微妙通于神密，深而不可识。不仅是不易识别，因此强行把握其容貌举止：其形象如冬天涉过河川，犹豫状若畏惧四邻；庄重，昂头之容貌如客，那容颜舒缓，如冰将要消融；那容貌敦实如树皮，那容貌开朗广阔若山谷，那容貌共生若浑浊。谁能由浑浊以安静缓缓清澈之？谁能平安于频繁变动可缓缓而生？保守此道者不充满欲望，反复唯不溢出，故而，能隐蔽那“二”不新成。

## 第十六章

致虚极，守静笃。[1]

①《易·系辞》：易有太极，是生两仪。《注》：无称之称，不可得而名也。

万物并作，吾以观复。

夫物芸芸，各复归其根。

归根曰静，静曰覆命。[2]

②《荀子·赋篇》：无羽无翼，反覆甚极。《说文》：覆，覂也。一曰盖也。《说文注》：（覆）覂也。反也。覆也。反覆者，倒易其上下。

覆命曰常，知常曰明。

不知常，妄作，凶。

知常容，[3]容乃公，[4]

③《说文》：容，盛也。

④《说文》：公，平分也。

公乃王，王乃天，

天乃道，道乃久，

没身不殆。

抵达虚实之极，守住内心安静专于一。万物兴起于并行，我于变化中观察领悟那些重复：万物如草一般，各自重复回归其根。回归根曰安静，安静曰生命反复之覆盖；那反复的规律曰常（常识，常式，常态）。知道那规律曰明；不明那常识，乱作为，凶险。知道常态之容貌，可容纳公平，公平乃王，王乃自然，自然乃道，道乃长久，身体覆没无所惧。

## 第十七章

太上，[1]下知有之。

①《易·系辞》：易有太极。《注》：大极者。《礼记·曲礼》太上贵德。

其次，亲而誉之。[2]

②《说文》：亲，至也。从见亲声。按，"亲而誉之"句而字，亦训为二。

其次，畏之。

其次，侮之。

信不足，

焉有不信焉。[3]

③焉，黄鸟。

悠兮其贵言。[4]

④《释名》：贵，归也，物所归仰也。

功成事遂，[5]

⑤《说文》：功，以劳定国也。

百姓皆谓我自然。

哦，太上，知道其永久存在于下。其次，亲近那二合一的混成并赞誉它。其次，畏惧它。其次，侮辱它。信心不足够，黄鸟如何会不相信黄鸟？那珍贵的言辞，长久的系辞于回归。功绩，什么时候一些事完成伴随责任结束，百姓皆谓：我自然。

## 第十八章

大道废，有仁义；

慧智出，有大伪；[1]

①《说文》：伪，诈也。徐锴曰："伪者，人为之，非天真也。"

六亲不和，有孝慈；[2]

②《说文》：慈，爱也。从心兹声。

国家昏乱，有忠臣。

大道废弃，有仁义在；所谓智慧出，有大欺骗；六亲不和睦，有对长辈之孝和长辈对晚辈之慈爱；国家昏乱，有忠臣。

## 第十九章

① 《说文》：绝，断丝也。

绝圣弃智，[1]

民利百倍；

绝仁弃义，

民复孝慈；

绝巧弃利，

盗贼无有。

此三者，

以为文不足，

故令有所属，

见素抱朴，

少思寡欲。

哦，拒绝什么神圣和放弃所谓的智慧，人民获得实在利益会增长百倍；拒绝所谓仁和放弃相应的义，人民会恢复孝敬长辈和慈爱晚辈；拒绝机巧之物欲跟随和放弃利益追逐，盗贼不会长存。这里三者之提法，自己认为它们把握文化不足，故命令它们有所归属：多见到朴素和拥抱之，少作不合“式”（式，指天下式，即阴、阳也）之思跟随和减少欲望。

## 第二十章

绝学无忧。[①]

① 整体阅读后，“绝学无忧”为首句合适。

唯之与阿，[②]

② 《说文》：唯，诺也。阿，大陵也。

相去几何？

美之与恶，[③]

③ “美之与恶”原作“善之与恶”，按帛书甲乙本和傅奕诸本调整为美。

相去若何？

人之所畏，

不可不畏。

荒兮其未央哉！

众人熙熙，

如享太牢，[④]

④ 太牢，祭祀的牺牲饲养之所。

如春登台。

我独泊兮其未兆，[5]

⑤兆，灼龟板，卜筮以观裂隙。

如婴儿之未孩。

儽儽兮若无所归。

众人皆有余，[6]

⑥《说文》：余，饶也。从食余声。按，余，饶也。合于文本可引申出：宽恕。

而我独若遗。

我愚人之心也哉！

沌沌兮！

俗人昭昭，

我独昏昏；

俗人察察，

我独闷闷。

澹兮其若海，

望兮若无止。[7]

⑦《说文》：望，出亡在外，望其还也。

众人皆有以，

而我独顽似鄙。[8]

⑧《说文》：顽，梱头也。梱，梡木未析也。

我独异于人，

而贵食母。[9]

⑨《释名》：贵，归也。物所归仰也。

断绝不合“式”之学，无忧虑。大山之间一个回答，它们距离多远？啊！美与恶相伴随，如何区分？人们畏惧的什么，不可以不畏惧。荒芜，因为其尚未到来啊！众人在嬉戏，如享受巨大的牢房（太牢），如春天登上舞台。我独自停留于卜筮甲骨未开裂状态于火，似婴儿尚未成为孩子；失魂落魄的模样，若无处可以回归。众人皆有宽恕，而我孤独若被遗弃。我这也是愚人之心多虑啊！混沌（纯纯）！俗人十分明白，而我独昏暗不明；俗人皆察察，我独自心烦郁闷。看淡那些，如一个海，一个希望似乎无止境。众人皆有一个希望，而我独自顽固的似鄙视；我独异于人，而高贵在回归母亲并以食为母。

## 第二十一章

孔德之容，[1]惟道是从。[2]

道之为物，惟恍惟惚。

惚兮恍兮，其中有象；

恍兮惚兮，其中有物。

窈兮冥兮，[3]其中有精；

其精甚真，其中有信。[4]

自古及今，其名不去，

以阅众甫。[5]

吾何以知众甫之状哉？以此。

孔中谨慎窥视美德出现之容貌，它是跟随道。

① 孔德，实乃大德也。

②《说文》：惟，凡思也。

③《说文》：窈，深远也。从穴幼声。《说文》：冥，幽也。

④《说文》：信，诚也。从人从言。会意。

⑤《说文》：阅，具数于门中也。

道附着于物，于恍惚之间。恍惚啊，恍惚，其中有象；恍惚啊，恍惚，其中有物；深远幽暗啊，其中有精华；那精华十分纯粹真实，其中有诚实的信。自古及今，其名不去，用这些阅读众先祖之美德。我何以知众先祖之美德形象和状态？以此。

## 第二十二章

曲则全，[1]枉则直，

洼则盈，敝则新，

少则得，多则惑。

是以圣人抱一，

为天下式。

不自见故明，

不自是故彰，

不自伐故有功，

不自矜故长。

夫唯不争，

① 《说文》：曲，象器曲受物之形。

故天下莫能与之争。

古之所谓曲则全者，

岂虚言哉！诚全而归之。

曲折遵循周全，弯曲遵循直，洼遵循充满，破败遵循新，少遵循得到，多遵循惑。那变化中，圣人抱一，为天下基本式。不短视因而明白，不自以为是因而出色，不自我征伐故而有功劳，不自怜、自傲故而能长久。不与天下基本式争斗，故而天下没有谁和什么能与之相争。古之所谓“曲折遵循周全”那岂是虚言哉！完整之可信归于那“二”之所知。

# 第二十三章

希言自然。[1]故飘风不终朝，[2]

骤雨不终日。孰为此者？

天地。天地尚不能久，

而况于人乎？[3]故从事于道者，

道者同于道，德者同于德，

失者同于失。同于道者，

道亦乐得之；同于德者，

德亦乐得之；同于失者，

失亦乐得之。信不足，

焉有不信焉。

①《尔雅·释诂》：希，罕也。《说文》：睎，望也。从目，稀省声。按，希与睎同音也。

②《说文》：飘，回风也。抚招切。

③《说文》：於，孝乌也。象形。按，於，今于也。

珍贵的希望之言归于自然。故回旋、飘忽的风不能贯穿一个早晨，骤雨不能贯穿一个白日。谁作为于此？自然的天和地。天和地曾不能久，何况相对的鸟人呢？故，做事遵循于道者，其行道合于道，遵循道之德者同于德，迷失者同于箭矢。同于道者，道亦乐于他们得；同于德者，德亦乐于得他们；同于迷失者，箭亦乐于得到他们。信心不足，黄鸟如何不信黄鸟？

## 第二十四章

企者不立，[1]跨者不行，

①《说文》：企，举踵也。

自见者不明，自是者不彰，[2]

②《说文》：彰，文彰也。

自伐者无功，自矜者不长。[3]

③《说文》：矜，矛柄也。

其在道也，曰余食赘形。[4]

④《说文》：赘，以物质钱。

物或恶之，故有道者不处。

踮着脚尖站立不持久，跨大步行走难致远，短视者并非明白，自以为是者不出色，自征伐者无功，自我怜悯、自傲者不会长久。那在道之歧途，于此：多余食物累赘于形。物或厌恶之，故长久之道者不处。

## 第二十五章

有物混成，先天地生，

寂兮寥兮，[①]独立而不改，[②]

① 《说文》：廖，空虚也。《说文注》：廖，此今之寥字。

② "独立而不改"原作"独立不改"，按照帛书乙本、傅奕本调整为"独立而不改"。

周行而不殆，[③]

③ 《说文》：周，密也。从用口。《尚书·太甲》：自周有终。《论语》：君子周而不比。

可以为天地母。[④]

④ 《说文》：为，母猴也。其为禽好爪。爪，母猴象也。古文为象两母猴相对形。

吾不知其名，字之曰道，

强为之名曰大。大曰逝，[⑤]

⑤ 《说文》：逝，往也。

逝曰远，远曰反。

故道大，天大，

地大，王亦大。

域中有四大，

而王居其一焉。

人法地，地法天，

天法道，道法自然。[6]

⑥ 本章前两个而字，亦训为二。本章道认为即道之专名。

有长久之物混成，先于天地生，寂静空虚！那“二”独立不变更，周密行走，那“二”永不懈怠。可以将两只母猴相对的形象作为天地（自然）母形式。我不知其名字，说成：道，强把握它的名字说：大。那大说：（消）逝，那（消）逝说：远，那远说：反（覆）。故道大，天大，地大，人亦大。这个域中有四大，而王者居其一焉（黄鸟）。人效法地，地效法天，天效法道，道效法自然。

## 第二十六章

重为轻根，静为躁君，

是以君子终日行不离辎重。[1]

虽有荣观，燕处超然，

奈何万乘之主，而以身轻天下？

轻则失本，躁则失君。

①“君子”原作“圣人”，依照帛书本、傅奕本等改。

重，它为轻之根；静，它为躁者的君王，正因为这些君子已明白终日不离开其军事装备和补给品。虽有荣华之观，私人空间超然如燕子，奈何作为万辆兵车和广大疆域之主，而以己身轻视天下？轻视那将失去根本，而躁则失去君子。

## 第二十七章

善行无辙迹，

善言无瑕谪，

善数不用筹策，

善闭无关楗而不可开，

善结无绳约而不可解。

是以圣人常善救人，

故无弃人；常善救物，

故无弃物，是谓袭明。[①]

故善人者，不善人之师；

不善人者，善人之资。

①《康熙字典》：袭，合也。

不贵其师，不爱其资，

虽智大迷，是谓要妙。

善行无辙痕无痕迹，善言无瑕疵无责备，善的数字不用计算和筹划，善的关闭无关键而不可打开，善结无绳结之约定而不可解开。圣人正是遵循这些善的常识救人，故无被放弃的人；常识之善救物，故无放弃得物，是谓合于明白。故善人者，是不善人之师；那些不善之人，是善人之财富。如果谁不珍贵这些老师，不爱那些财富，虽有什么智慧却会有大的迷茫和失去；是谓要妙。

## 第二十八章

知其雄，守其雌，

为天下溪。[1]为天下溪，

常德不离，复归于婴儿。

知其白，守其黑，

为天下式。为天下式，

常德不忒，[2]复归于无极。

知其荣，守其辱，

为天下谷。为天下谷，

常德乃足，复归于朴。

朴散则为器，

① 溪，领会为溪谷。溪与式是类音，式也。天下式，即阴、阳，有、无，即西人之0、1，大律也。而雄、雌，黑、白，大、小，荣、辱，常、异等均为其子律，归于式。

② 《说文》：忒，更也。

圣人用之则为官长。

故大制不割。

知其雄，守其雌，为这世界的溪。把握这世界的溪，持续不断之德不离开，反复归于婴儿。知其白，守其黑，为这世界基本的式。把握这世界基本的式，连续不断之德不变更，反复归于那无极。知其荣，守其辱，为这世界的山谷。把握这世界的山谷，持续不断之德才充足，反复归于朴。朴素之元素散开成为器物，圣人遵循而用之设立官名和职责，故伟大制度不割裂那式。

## 第二十九章

将欲取天下而为之，[1]

吾见其不得已。

天下神器，不可为也，

不可执也。为者败之，

执者失之。夫物或行或随，

或歔或吹，或强或羸，[2]

或载或隳。[3]是以圣人去甚，

去奢，去泰。

①《说文》：将，帅也。

②《说文》：羸，瘦也。

③载，原作挫，依据河上公等本改。隳，毁也。贾谊《过秦论》："隳名城。"

谁率领欲望得到天下治理之，而我已见到其不能得到。世界是自然神性的器皿，不可为欲望得到也，不可执著也。而为者败也，执著者失之。反复的事物或行或跟随，或吸气或呼气，或强或弱，或满载或毁灭。是以这些圣人去除过分，去除奢侈，去除自大。

## 第三十章

①《左传·僖公二十六年》：凡师能左右之曰以。

以道佐人主者，

不以兵强天下，

其事好还。师之所处，

荆棘生焉。大军之后，

必有凶年。善者果而已，

不敢以取强。果而勿矜，

果而勿伐，果而勿骄，

果而不得已，果而勿强。

物壮则老，是谓不道，

不道早已。

运用道帮助人们的领导，不用军事力量强迫天下，他们的事有好的循环。军队所到之处，荆棘丛生。战争之后，必有凶险之年！善者乃自然成熟之果实，不敢以军力强取。果实不明时，不自怜，不远征，不自傲；结果不明而必须做时，果断而不强行。物壮则老，是谓不道，不道早结束。

## 第三十一章

夫佳兵者，不祥之器。

物或恶之，故有道者不处。

君子居则贵左，用兵则贵右。

兵者，不祥之器，非君子之器。[1]

① 《说文》：非，违也。

不得已而用之，恬淡为上，

胜而不美。而美之者，

是乐杀人。夫乐杀人者，

则不可得志于天下矣。[2]

② 《礼记·少仪》："问卜筮曰：义欤，志欤。义则可问，志则否。"《注》：义，正事也。志，私意也。《论语》：志于道，据于德，依于仁，游于艺。

吉事尚左，凶事尚右。

偏将军居左，上将军居右，

③《说文》：言，直言曰言，论难曰语。

言以丧礼处之。[③]杀人之众，

以哀悲泣之。

战胜，以丧礼处之。

谁在反复美化兵器，它不是祥和之器具。万物或会厌恶之，故有道者不止于此。君子居则贵在左，用兵则贵在右。兵器和军队，不吉祥出现之器，并非君子之器物。无法调和而用之，恬淡为上，胜利后二者都不美。而美化它的人，是乐于杀人。乐于不断杀人者，则不可得志于天下矣。吉事崇尚左，凶事崇尚右。副将军居左，主将军居右，直言：以丧礼制止它。杀人和被杀，为了他们悲哀和哭泣。战胜，以丧礼停止它。

## 第三十二章

道常无名，朴虽小，

天下莫能臣也。[①]

①《说文》：臣，牵也。事君也。象屈服之形。

侯王若能守之，

万物将自宾。[②]

②《尔雅·释诂》：宾，服也。《疏》：宾者，怀德而服。

天地相合以降甘露，

民莫之令而自均。

始制有名，名亦既有，

夫亦将知止。

知止可以不殆。

譬道之在天下，[③]

③《说文》：譬，谕也。从言辟声。

犹川谷之于江海。

道经常于无名，朴素虽然小，天下没有能臣。诸侯和王若能守住它，万事万物将自我臣服。天地和谐会降下甘露，人民没有命令而自然彼此调和。始制中有一个名出现，就有了名以及名的变化，其反复的变化而应当明白：停止。知节制可以不殆。相当于知道道运行在天下：犹如河谷知道道归于大江和海。

## 第三十三章

知人者智，自知者明。

胜人者有力，自胜者强。[①]

知足者富，强行者有志，[②]

不失其所者久，

死而不亡者寿。[③]

①《说文》：强，蚚也。按，蚚，米中小黑虫。

②《礼记·少仪》："问卜筮曰：义欤，志欤。义则可问，志则否。"《注》：义，正事也。志，私意也。

③《说文》：寿，久也。

知道人者，有智慧；自知者，明白智慧。战胜他人，有力量；自胜者坚强。知道满足者，是富裕的；强迫谁去行为者有志。不失其所者可长久；死而不亡者可永生。

## 第三十四章

大道氾兮，[1]其可左右。

①《孟子》："氾滥于中国。"《说文》：氾，滥也。从水巳声。按，氾，通泛。

万物恃之以生而不辞，

功成不名有，[2]

②《说文》：有，不宜有也。

衣养万物而不为主。[3]

③《说文》：衣，依也。

常无欲，可名于小；

万物归焉而不为主，

可名为大。

以其终不自为大，

故能成其大。

道大，广泛兮，其可左可右。万物凭借之以生而不言，功成之名不宜长久拥有；它与万物相互依存和彼此供养，不互相为主人。那常态跟随无欲望，名可归于小；万物如黄鸟知归却互相不为主人，名可为大。因其始终不自己把握那个大，故能成就其大。

## 第三十五章

执大象，天下往；[①]

①《说文》：往，之也。之，出也。

往而不害，安平太。[②]

②《说文》：泰，滑也。按，太，通泰也。

乐与饵，[③]过客止。

③《说文》：与，赐予也。一勺为与。《说文注》：与，党与也。

道之出口，淡乎其无味，

视之不足见，听之不足闻，

用之不足既。[④]

④《说文》：既，小食也。

执大的象（道专名之象），天下出。往来不害，安全、平和、湿润。乐与饵，过客当知足，知道停止。道道出了口，淡乎其无味，视之不足见，听之不足闻，用之不足以作为小食。

## 第三十六章

将欲歙之，[1]必固张之；[2]

①《庄子·庚桑楚》："备物以将形。"《说文》：歙，缩鼻也。

②《荀子·劝学》："是故质的张而弓矢至焉。"《说文》：张，施弓弦也。

将欲弱之，必固强之；

将欲废之，必固兴之；

将欲夺之，必固与之，

是谓微明。[3]柔弱胜刚强。

③《说文》：微，隐行也。

鱼不可脱于渊，

国之利器不可以示人。

顺从那欲缩小它，必先张开之，如鼻子或一张弓矢；顺从那欲弱小它，必先强大它；顺从那欲废黜它，先必兴旺它；顺从那欲夺取它，必先同化它，正是谓：一个隐行的明白。柔弱胜刚强。鱼不可脱离于渊源，国之锐利器不可以示人。

## 第三十七章

道常无为而无不为，[①]

①“无为而无不为”于帛书甲乙本均为“无为而无以为”，亦有其所谓哲学意谓。

侯王若能守之，

万物将自化。

化而欲作，[②]

②《说文》：作，起也。

吾将镇之以无名之朴。[③]

③《说文》：镇，博压也。

无名之朴，夫亦将无欲。

不欲以静，天下将自定。

道之常态是无为而无不为，诸侯、王若能守之，万物顺从将自然归化。化解他们各自欲望之兴起，领悟：我将用无名之“朴”（元素）作为一块天石镇住欲望。于无名之朴，人们亦将无欲。摆脱欲望以静，天下自然安定。

## 第三十八章

上德不德，[1]是以有德；

下德不失德，是以无德。

上德无为而无以为，

下德为之而有以为。

上仁为之而无以为，

上义为之而有以为，

上礼为之而莫之应，

则攘臂而扔之。

故失道而后德，

失德而后仁，

①《说文》：不，鸟飞上翔不下来也。

失仁而后义，

失义而后礼。夫礼者，

忠信之薄而乱之首。

前识者，道之华而愚之始。

是以大丈夫处其厚，

不居其薄；处其实，

不居其华。故去彼取此。

向上的德忽略德，是以有德；下面的德不失去德，是以无德。向上的德是无作为与无所不为合一，而下面的德是有用之行为。向上的仁的行为无以为，向上的义行为有以为，向上的礼无人知道回应，因而手臂推开它而扔之。故，失去道而后德，失去德而后仁，失去仁而后义，失去义而后礼仪。繁复礼者，忠诚和诚信变薄而混乱头发开始出现。

对前面有见识者，道之精华合一于愚笨之始。基于此，大丈夫止于这个厚，不居于那个薄；居于这个实，不居那个虚华。故离开那个取这个。

## 第三十九章

昔之得一者，[1]天得一以清，

①《易·说卦传》："昔者，圣王之作易也。"

地得一以宁，神得一以灵，

谷得一以盈，万物得一以生，

侯王得一以为天下贞。

其致之。[2]天无以清将恐裂，

②《说文》：致，送诣也。

地无以宁将恐废；

神无以灵将恐歇；[3]

③《说文》：歇，息也。一曰气越泄。

谷无以盈将恐竭，

万物无以生将恐灭；

侯王无以贵高将恐蹶。[4]

④《说文》：蹶，僵也。

⑤《说文》：本，木以下曰本。

故贵以贱为本，[5]

高以下为基。

是以侯王自谓孤寡不谷。

此非以贱为本邪？

非乎？故致数舆无舆。

⑥《说文》：如，从随也。

不欲琭琭如玉，[6]

⑦按，（山）谷通古，通谷（谷物）。一与易归于类音字。

珞珞如石。[7]

于一开始谁得到了一？天空得到一，变化为清；大地得到一，变化为宁静；神得到一，有了灵魂；山谷得到一，被充满，万物得到一而生；诸侯、王得到一，认为那是卜问神性的天地而确定的一。一是极致的出现（很久以前一位圣明的国王得到一，并领会和创作了《周易》）。天空没有清将恐惧它开裂，地没有宁静将恐惧其荒废，神没有灵魂将恐其歇息泄气，山谷没有充满将恐其枯竭，万物没有生命将恐惧毁灭；诸侯和国王没有贵和高，将会恐惧其蹶。故高贵以贫和贱为根，高是依靠底下为基础。是以这些诸侯和王称自己为：孤、寡、不谷。此非以贫和贱为本而和谐？不是吗？故极致之数对于车辆之数：车辆无车辆。是故不要欲望如玉，落落大方如石。

## 第四十章

反者，[1]道之动；

弱者，道之用。

天下万物生于有，

有生于无。

① 《说文》：反，覆也。

倾覆的什么，那是道之动；柔弱的什么，那是道之常态运行。天下万物生于有，而有生于无。

## 第四十一章

上士闻道,[①]勤而行之;

①《说文》:士,事也。数始于一,终于十。孔子曰:"推十合一为士。"按,士,有知识,较善做事者。又古时社会一类等级称谓。

中士闻道,若存若亡;

下士闻道,大笑之,

不笑不足以为道。

故建言有之:[②]明道若昧,

②《说文》:建,立朝律也。

进道若退,夷道若纇。[③]

③《说文》:纇,丝结也。

上德若谷,大白若辱,

广德若不足,建德若偷,

质真若渝。[④]大方无隅,[⑤]

④《说文》:质,以物相赘。渝,变污也。

⑤《说文》:隅,陬也。按,隅,角落。

大器晚成,大音希声,[⑥]

⑥《说文》:音,声也。

大象无形。道隐无名，

夫唯道善贷且成。[7]

⑦《康熙字典》：且，又多貌。

上士听闻道，勤而行之；中士听闻道，似乎存又似乎亡；下士人听闻道，大笑之，不笑那不足以作为道。故建言有之：明白道若日出，进入道如退，平坦的道仿佛有丝结。高尚的德若山谷，彻底的白如辱，广泛的德如不足，树立德若偷，质押于纯粹如变污。大的方无角落（极限），大的器物晚成熟，大的音若珍贵的希望，大的形象无确定之形。道隐匿无名，谁善于反复从其中借鉴和替代可以多面貌成就它的名。

## 第四十二章

道生一，一生二，

二生三，三生万物。

万物负阴而抱阳，[1]

冲气以为和。人之所恶，

唯孤寡不谷，

而王公以为称。

故物，或损之而益，

或益之而损。人之所教，

我亦教之。

强梁者不得其死，[2]

①《说文》：负，恃也。恃，赖也。

②《说文》：梁，水桥也。按，桥，通巧（妙）。古时架桥不易。

吾将以为教父。

道生出一，那个一生于二再生出二，二生于那个三再生出那些三，那些三孕育而化成万物。万物依赖阴而抱阳，如两种气体相互冲击变化以为和。人之所厌恶，唯孤、寡、不谷，而国王公卿因于公平以它们作为自己称谓。故于物之悟，或它出现受损失而同时获益，或它出现获益而同时受损失。人之所教，我也变化着教。强行架桥者不得其正常死亡，吾将以此为教父。

## 第四十三章

天下之至柔，[1]

①《说文》：之，出也。《说文》：至，鸟飞从高下至地也。

驰骋天下之至坚，[2]

②《说文》：骋，直驰也。

无有入无间，

吾是以知无为之有益。

不言之教，无为之益，

天下希及之。[3]

③《说文》：晞，望也。按，《说文》未收录希，参考晞。《尔雅》：希，罕也。《后汉书·党锢传》："海内希世之流，遂共相标榜。"

什么时候天下极柔软的出现，直线的驰骋极刚强出现于天下；是否虚无与有彼此相随于存在中（如箭矢射入天下消失于无），是以这些我领悟了无作为的长久之益。不言之教，无作为之益，这世界珍贵希望之境界。

## 第四十四章

名与身孰亲？

身与货孰多？

得与亡孰病？[1]

是故甚爱必大费，

多藏必厚亡。[2]知足不辱，

知止不殆，可以长久。

① 《说文》：亡，逃也。按，亡，古通无。曲意失也。

② 《说文》：藏，匿也。辱，耻也。殆，危也。

那身体和名声谁更亲近？身与货，哪个更多？得到和失去于一体，哪一个有病？是故谁尤其爱名声或货物，自然有巨大的身体消耗，多藏匿身体自然远离死亡。明白满足，不耻辱；知止，不危，可以长久。

# 第四十五章

①《说文》：成，就也。《释名》：成，盛也。

大成若缺，[1]

②《说文》：弊，顿仆也。

其用不弊。[2]

③《说文》：冲，涌摇也。

大盈若冲，[3]

其用不穷。[4]

④《说文》：用，可施行也。从卜从中。

大直若屈，

大巧若拙，

大辩若讷。[5]

⑤《说文》：讷，言难也。

躁胜寒，

静胜热，

清静为天下正。[6]

⑥《尔雅·释诂》：正，长也。《康熙字典》：朱子云：物以正为常。《说文》：正，是也。从止，一以止。

什么全盛时若缺了什么，用之不立即衰败。一个大的充满，若喷涌，用之无穷？大的直线若曲线；大的巧好像拙；大的辩论好像难以言喻。急躁胜寒，静胜热，纯粹和静持护天下之长久。

## 第四十六章

天下有道，却走马以粪；[1]

天下无道，戎马生于郊。

祸莫大于不知足，

咎莫大于欲得，

故知足之足，常足矣。

①《说文》：走，趋也。《说文注》：走，趋也。《释名》：徐行曰步。疾行曰趋。《说文》：粪，弃除也。

天下有道，谁却骑着马奔跑用以清扫？什么时候天下没有道时，军马出现于郊。祸莫大于不知道满足，咎莫大于欲要得到，故，满足的脚知道停止，常态的脚步与满足同。

# 第四十七章

不出于户，

以知天下[1]；

①《康熙词典》以，又同已。例：《孟子》：“无以，则王乎。”《尔雅·释诂》：知，匹也。《尔雅·释诂》：匹，合也。《说文注》：谓对合也。《广韵》：匹，配也，合也，二也。

不窥于牖，

以见天道。[2]

②“不出于户，以知天下；不窥于牖，以见天道”原作“不出户，知天下；不窥牖，见天道”，依帛书甲乙本调整。

其出弥远，[3]

③《论语·子罕》：“仰之弥高，钻之弥坚。”按，弥，愈也。

其知弥少。

是以圣人不行而知，

不见而名，

不为而成。

于户不出，依照已知匹配（归纳、推理）于未知而知天下，于窗不窥，依照已见而显现那自然的道。或许谁是出去愈远，那个谁知道愈少。是以，圣人知天下并不是因为出行，未看见一些什么，依然能够知道事物的名，不作为一些什么而能圆满。

## 第四十八章

为学日益，为道日损。[1]

① 《说文》：损，减也。

损之又损，以至于无为，[2]

② 《说文》：㠯，用也。贾侍中说：巳，意巳实也。象形。按，《说文》未收录以字。以，参考㠯。

无为而无不为。

取天下常以无事，

及其有事，不足以取天下。

紧抱住学习日日增加，紧抱住道日日减少。减少又减少，于用，那极端以至无为。取得天下当正常运行而无事，及其常有事？不足以取得天下。

## 第四十九章

圣人常无心，

以百姓心为心。

善者，吾善之；

不善者，吾亦善之，

德善。信者，吾信之；

不信者，吾亦信之，

德信。圣人在天下歙歙焉，[①]

为天下浑其心，

百姓皆注其耳目焉，

圣人皆孩之。[②]

①《说文》：歙，缩鼻也。

②《说文》：之，出也。按古文之，象草生出地面状；其下，一者，地也。另参看高明《帛书老子校注》，依傅奕、范应元本增加“百姓皆注其耳目焉”句，原“圣人在天下歙歙”句增加一个焉字。

圣人的常态，无心，以百姓心为心。善者，吾善待之；不善者，吾亦善待之，德之善。诚信者，吾信；不诚信者，吾亦信，德之信。圣人在天下吸纳、吸纳焉，为天下而混合他的心，百姓的事皆流入其耳目焉，圣人与孩子们一起成长。

## 第五十章

出生入死。

生之徒十有三，

死之徒十有三。

人之生动之死地，

亦十有三。夫何故？

以其生生之厚。

盖闻善摄生者，[1]

陆行不遇兕虎，[2]

入军不被甲兵，

兕无所投其角，

①《说文》：摄，引持也。

②《尔雅·释兽》：兕，似牛。《说文》：兕，如野牛而青，象形。

虎无所措其爪，

兵无所容其刃。

夫何故？以其无死地。

出生入死。生之门徒十有三，死之门徒十有三。人之生命运动逃离死地，变化之中也十有三。夫何故？以其出生以及生命深厚和于时也。隐隐听闻：善摄取把握生者，行路不会遇到野牛（兕）和虎，加入军队是不披盔甲的甲兵，野牛无所顶其角，虎无所安置其爪，兵无所容其刃。夫何故？以其尚无死地。

## 第五十一章

道生之，

德畜之，

物形之，

势成之。[1]

是以万物莫不尊道而贵德。

道之尊，

德之贵，

夫莫之命而常自然。

故道生之，

德畜之：

①《说文》：势，盛权力也。《易·坤卦》：“地势坤。”

②《说文》：亭，民所安定也。

长之、育之、亭之、[2]

③《说文》：毒，厚也。害人之艸，往往而生。《说文注》：毒，厚也。毒兼善恶之辞。犹祥兼吉凶，臭兼香臭也。

毒之、[3]养之、覆之。[4]

④《说文》：覆，覂也。一曰盖也。《说文注》：覆，覂也。反也。覆也。反覆者，倒易其上下。覆与复义相通。复者，往来也。

生而不有，为而不恃，

长而不宰，[5]是谓玄德。

⑤"生而不有，为而不恃，长而不宰"句而字，亦训为二。

道生出它，那美德养之，物赋予它形，形势和势力成就之。正因为这些，万物无不尊崇道而回归于珍贵的德。道之尊，德之贵，生命起伏归于自然常态。故而道生出它，德畜养之：滋长、培育、庇护、免疫、休养，覆之。生于那"二"而不拥有，把握那"二"而不依赖，长久那"二"而不主宰，是谓幽静而遥远的德。

## 第五十二章

天下有始，以为天下母。

既得其母，以知其子；

既得其子，复守其母，

没身不殆。塞其兑，[①]

闭其门，终身不勤。

开其兑，济其事，[②]

终身不救。[③]见小曰明，

守柔曰强。用其光，

复归其明，无遗身殃，[④]

是为习常。[⑤]

①《说文》：塞，隔也。兑，说也。

②《说文》：事，职也。

③《说文》：救，止也。

④《说文》：殃，咎也。《易经·坤文言》："积善之家，必有余庆；积不善之家，必有余殃。"

⑤《说文》：习，数飞也。

天下有始，以作为天下母。既然已经晓得它的母，可以知它的子；已经晓得其子，复去守其母，没有了身体而不危。隔绝那些谁的言辞，闭其门，不勤劳直到没有了身体；开放其言辞，助其勤于职责之事，终身不制止。能看见小的，那词：明白的；守住柔，那词：坚强。用其光，复归其明白，不失身和不留灾祸，正是把握住了学习常式。

## 第五十三章

使我介然有知，[①]

① 《说文》：介，画也。画，界也。象田四界。

行于大道，

唯施是畏。

大道甚夷，

而民好径。

朝甚除，[②]

② 《说文》：除，殿陛也。《说文注》：除，殿陛也。殿谓宫殿。殿陛谓之除。因之凡去旧更新皆曰除。

田甚芜，仓甚虚。

服文采，带利剑，

厌饮食，[③]

③ 《说文》：厌，笮也。《说文注》：厌，笮也。竹部曰：笮者，迫也。

财货有余，

是谓盗夸。[4]

非道也哉！

④《说文》：夸，奢也。从大夸声。按，夸，古通跨。楼宇烈《王弼集校释》引劳健《老子古本考》释“介然”为“坚确貌”，并以为：“劳说义较近。”按，介然通界然也。

谁令我界然有知，行于那大道，承诺于实践是畏惧。大道甚平坦，而民乐于捷径。朝代和皇帝更迭频繁，田地十分荒芜，仓库甚空虚；华美服饰和信服于文采，携着锋利的剑，疯狂地吃喝，钱财和货用不尽，正是：作为盗的奢那越过了道。非道也哉！

## 第五十四章

善建者不拔，[①]善抱者不脱，

①《说文》：拔，擢也。擢，引也。建，立朝律也。

子孙以祭祀不辍。[②]

②《说文》：辍，车小缺复合者。《说文注》：辍，捕鸟车覆也。

修之于身，[③]其德乃真；

③《说文》：修，饰也。《说文注》：修，饰也。饰即今之拭字。

修之于家，其德乃余；

修之于乡，其德乃长；

修之于国，其德乃丰；

修之于天下，其德乃普。

故以身观身，以家观家，

以乡观乡，以国观国，

以天下观天下。

吾何以知天下然哉？[4]

以此。

善建立者不拔出一些什么，善抱者不脱离一些什么，如此子孙的祭祀活动不停止。修德于自身，那个德乃真；修之于家，那个德乃有余；修之于乡镇，那个德乃长久；修之于国，那个德乃丰富；修之于天下，那个德乃普遍的。故，以身观身；以家观家，以乡观乡，以国观国，以天下观天下。吾何以知天下在燃烧？以此。

④《说文》：然，烧也。

## 第五十五章

含德之厚，比于赤子[1]。

①《尚书·盘庚上》："惟尔含德。"《康诰》："若保赤子。"《疏》：子生而赤色，故言赤子。

毒虫不螫，[2]

②"毒虫不螫"原作"蜂虿虺蛇不螫"，依河上公、司马光本调整。

猛兽不据，[3]攫鸟不搏。

③《说文》：据，杖持也。

骨弱筋柔而握固，

未知牝牡之合而峻作，[4]

④《说文》：峻，高也。按，峻字原作全，依河上公、司马光本调整。《说文》：作，起也。《易·系辞下》："包牺氏没，神农氏作。"

精之至也。[5]

⑤《说文》：精，择也。

终日号而不嗄，[6]

⑥《说文》：号，痛声也。

和之至也。

知和曰常，知常曰明，

益生曰祥，心使气曰强。

物壮则老，谓之不道，

不道早已。

谁拥有自然而深厚的德，会类似于赤子。比如婴儿。毒虫不螫，猛兽不靠近或不攻击，凶猛的鸟不来搏击。弱骨柔筋而握力牢固；未知雄雌之合而高之兴起，精锐之所至。终日号叫不嘶哑，和之极也。知和，曰常态，知常态，曰明白，益于生曰祥，背离自然的心曰强（逼迫）。什么时候事物强壮跟随老，谓：它们已离开道，而不遵循道早结束。

## 第五十六章

知者不言，言者不知。

塞其兑，[1]闭其门，

挫其锐，解其分，[2]

和其光，同其尘，

是谓玄同。

故不可得而亲，

不可得而疏；

不可得而利，

不可得而害；

不可得而贵，

①《说文》：兑，说也。

②《说文》：分，别也。按，分，通纷。《管子·势》：“分其师众，人既迷芒，必其将亡，亡之道也。”

不可得而贱，

故为天下贵。

知什么者不言，言者不知。隔绝它的言辞，闭其门，挫其锐，解开其分别，和谐于它的光，同于其尘，是谓：幽静而悠远的同。故，亲和疏不因为那些可得或不可得；可得或不可得，不因为利益而害；可得或不可得，不因此而高贵或贫贱，故为天下珍贵的回归。

## 第五十七章

以正治国，以奇用兵，

以无事取天下。

吾何以知其然哉？

以此。

天下多忌讳，

而民弥贫；

民多利器，国家滋昏；

人多伎巧[①]，奇物滋起；

法令滋彰，盗贼多有。

故圣人云，

①《诗·小雅》：“鹿斯之奔，维足伎伎。”《说文》：伎，与也。《说文注》：与，党与也。

我无为而民自化，

我好静而民自正，

我无事而民自富，

我无欲而民自朴。

以正治国，依于不同而用兵，以无事取天下。我何以知其燃烧哉？以此。天下，忌讳太多，而人民陷入贫困；更多人民有锐利之器，国家日益昏暗；人多结党取巧，奇物滋长兴起；法令增多，盗贼多且更长期。故圣人云：我无为而民会自然归化，我爱好静而人民会自然正常，我无事而民自然丰富，我无欲而民自然纯朴。

## 第五十八章

其政闷闷，[①]

其民淳淳；[②]

其政察察，[③]

其民缺缺。

祸兮福之所倚，[④]

福兮之祸所伏。

孰知其极？

其无正，正复为奇，[⑤]

善复为妖，人之迷，

其日固久。[⑥]

①《说文》：政，正也。

②《说文》：淳，渌也。

③《说文》：察，覆也。

④《说文》：兮，语所稽也。

⑤《说文》：奇，异也。一曰不耦。

⑥《说文》：固，四塞也。

是以圣人方而不割，[7]

⑦ 而字亦训为二。

廉而不刿，[8]

⑧《说文》：廉，仄也。刿，利伤也。从刀岁声。

直而不肆，[9]光而不耀。

⑨《说文》：肆，极陈也。

其政闷又闷，其民淳又淳；其政侦查又侦察，其民缺少又缺少。灾祸出现随着福；福随着潜伏灾祸。孰知极是哪一个？其无正，正常与异常反复，谁善反复做这些谁为妖，人们出现了迷失，那种日子是牢笼且长久。是以这些，圣人的方法是把握“二”不割！收敛而不伤害，直而不粗暴，光明而不耀眼。

## 第五十九章

治人事天莫若啬。[1]

①《说文》：啬，爱涩也。涩，不滑也。《易·说卦传》："谦尊而光。为吝啬。"

夫唯啬，是谓早服。[2]

②《说文》：服，用也。

早服谓之重积德，[3]

③《说文》：重，厚也。

重积德则无不克，

无不克则莫知其极，

莫知其极，可以有国。

有国之母，可以长久。

是谓深根固柢，[4]

④《尔雅·释言》：柢，本也。

长生久视之道。

治人事奉天没有若节俭之重要。把握住它是

谓：早服从。早服从并用之谓：厚实的积德。如此，重复积德，则没有什么不能被克服，如什么都可以克服，则莫知其极，莫知其极限，可以有国。有国之母，可以长久。是谓：深根固柢，可长生且久视之道。

## 第六十章

治大国若烹小鲜。

以道莅天下，[1]

其鬼不神。

非其鬼不神，

其神不伤人；

非其神不伤人，

圣人亦不伤人。

夫两不相伤，

故德交归焉。[2]

①《说文》：竦，临也。《说文注》：临者，监也。按，《说文》未收录莅字，参考竦。

②《诗·周南》：“葛之覃兮，施于中谷，维叶萋萋。黄鸟于飞，集于灌木，其鸣喈喈。”喈喈，皆知归也。《诗·秦风》：“交交黄鸟。”《说文》：交，交胫也。从大，象交形。按，焉，圣贤行文，心目皆有黄鸟。倦鸟知归。灌木丛物象，为东、西方大思想家共同瞩目。

治理大国若烹一道小鲜。以道莅临和监管天

下，其鬼（阴）不能成一个神（阳）。并非它的鬼不能成为一个神，而是它的神不伤害于人。并非其神不伤害于人，圣人于变化中也不伤害人（圣人类似神。中国圣人遵循道）。那反复两不相伤害，故那道之美德之交流如一双黄鸟知回归。

## 第六十一章

大国者下流。

天下之交，

天下之牝。[1]

① 《说文》：牝，畜母也。牡，畜父也。

牝常以静胜牡，

以静为下。[2]

② 《大戴礼记·易本命》："高者为生，下者为死；丘陵为牡，溪谷为牝。"

故大国以下小国，

则取小国；

小国以下大国，

则取大国。

故或下以取，或下而取。

大国不过欲兼畜人，[3]

小国不过欲入事人，[4]

夫两者各得所欲，

大者宜为下。

③《说文》：兼，并也。

④《说文》：事，职也。

大国者向下流。天下出于相互流动，天下出之于雌性。雌性通常以静胜雄性，以静行为于天下：故，大国以下一些小国，则取一个小国；小国以下一些大国，则取一个大国。故，或向下面变化以取，或向下而相互以取。大国不过欲兼并畜和人，小国不过欲职事于人，那两者得到其所欲望，大者宜把握向下。

## 第六十二章

道者万物之奥，

善人之宝，

不善人之所保。[①]

①《说文》：保，养也。养，供养也。

美言可以市，[②]

②《说文》：市，买卖所之也。

尊行可以加人。[③]

③《易·谦》："谦尊而光。"《说文》：加，语相增加也。从力从口。

人之不善，何弃之有！

故立天子，置三公，

虽有拱璧以先驷马，

不如坐进此道。

古之所以贵此道者何？

不曰以求得，

有罪以免邪？

故为天下贵。

道，万物出现之奥妙，是善的人们的宝，是不善的人所供养。美丽言辞可用于市场，尊重的行为可益于人。人之不善，何弃之有！故设立天子，又设置三位特别的大臣，虽然拱璧乘坐四匹马的车向前进，不如坐于此道。古者之所以珍贵于此道为何？不是说求它以得到什么，有了罪以免除吗？故，那珍贵是为了天下归。

## 第六十三章

为无为，事无事，

味无味。

大小多少，报怨以德。

图难于其易，[1]

为大于其细。

天下难事必作于易，

天下大事必作于细，

是以圣人终不为大，

故能成其大。

夫轻诺必寡信，

①《说文》：图，画计难也。

多易必多难，

是以圣人犹难之。

故终无难矣。[②]

②《易·系辞》："《易》之为书也，原始要终。"诸葛亮《出师表》："危难之间。"

为无为，事无事，味无味。大、小和多、少，回报怨以道之德。谋划之难在于变化，把握大在于其细节。天下难事必兴起于易，天下大事必兴起于细，是以圣人始终不追求大，故能成就其伟大。谁如果反复轻易承诺必失信而孤独，多变化必然多难，是以这些圣人犹豫难出手。故终无难和灾难之易。

## 第六十四章

其安易持，其未兆易谋，[①]

①《说文》：兆，灼龟坼也。从卜兆，象形。

其脆易泮，[②]其微易散。[③]

②《说文》：臁，易破也。按，《说文》未收录脆字，参考臁。《诗·卫风·氓》："隰则有泮。"按，泮字，领会"脆"近水易碎。

③《说文》：微，隐行也。

为之于未有，治之于未乱。

合抱之木，生于毫末；

九层之台，起于累土；

千里之行，始于足下。

为者败之，执者失之。[④]

④《说文》：执，捕罪人也。

是以圣人无为，故无败；

无执，故无失。

民之从事，

常于几成而败之。

慎终如始，则无败事。

是以圣人欲不欲，

不贵难得之货，

学不学，复众人之所过。

以辅万物之自然，

而不敢为。[5]

⑤ 而字亦训为二。

其安宁易把握，占卜的甲骨未开裂易谋，其脆易破碎于水，其细微易散开；作为之于尚未出现，治之于未乱。可抱住之木，生于毫末；九层高台，起于积土；千里之行，始于足下。不把握这些而作为者失败，其箭将失去方向。是以圣人无为，故无败；无追捕，故无箭也无失。民之随事而行，常于几乎要成功而失败于此。慎终如始，则无败事。是以圣人欲望是不欲，不珍贵于难得之货，学但也不学，复观众人过错之所由。以辅助万物之自然，圣人对于“二”不敢作为。

## 第六十五章

古之善为道者，

非以明民，[1]

将以愚之。

民之难治，以其智多。

故以智治国，国之贼；

不以智治国，国之福。

知此两者，亦稽式。[2]

常知稽式，是谓玄德。

玄德深矣，远矣，

与物反矣，然后乃至大顺。

① 明，日、月，易也。

② 式，天下式也。《易·系辞》：“于稽其类。”《说文注》：考也。《礼记·缁衣》：“行必稽其所敝。”《注》：犹考也，译也。《说文》：稽，留止也。

古时知善于把握道者：并非用其变化令民明白，而是用其变化令民知他们的愚蠢。民出现难以治理，以他们有许多奇怪的智慧。故以智术治理国家者国之贼；不以智术治国，国之福。知此两者，是变化中考查式。常知考查这个式，是谓安静而幽远之德。道之德深矣，远矣，与物反矣，然后乃达至大顺。

## 第六十六章

江海之所以能为百谷王者，

以其善下之[1]，

故能为百谷王。

是以欲上民，

必以言下之；

欲先民，必以身后之。

是以圣人处上而民不重，

处前而民不害。

是以天下乐推而不厌。

以其不争，

① 《说文》：之，出也。

故天下莫能与之争。

江海之所以能为百谷王者，因为其善出现于下，古即如此：能为王。因此欲提升人民，必用他们能听懂的语言；欲先进于民，必以身在其后也。是以圣人处于上而民不沉重，处于前而民不伤害。是以，天下乐于推举而两不相厌。是以其不争夺，故天下莫能与之相争。

## 第六十七章

天下皆谓我道大，

似不肖。[①]

①《说文》：肖，骨肉相似也。

夫唯大，故似不肖。

若肖，久矣其细也夫。

我有三宝，持而保之。[②]

② 而字亦训为二。二关联道、关联中庸之道，大律也。

一曰慈，二曰俭，

三曰不敢为天下先。[③]

③《说文》：先，前进也。《易经·同人卦·彖曰》："唯君子为能通天下之志。"

慈，[④]故能勇；

④《说文》：慈，爱也。从心兹声。

俭，故能广；

不敢为天下先，

故能成器长。

今舍慈且勇，

舍俭且广，

舍后且先，死矣！

夫慈，以战则胜，

以守则固，

天将救之，

以慈卫之。

天下皆谓：我的道大，似乎不十分像。因为它大，故似不像。若像，时间久了，其细处也反复的相似。我有三宝，把握二养护它们。一曰慈，二曰俭，三曰不敢把持天下前进。慈爱，因而能够勇；俭，因而能广大；不敢把持天下前进，因而能成器和于长久。如今，舍弃慈且勇，舍弃俭且铺张，舍弃之前的且先，死矣！永恒的慈，用以战则胜，用以防守则坚固，天将救之，以慈卫之。

## 第六十八章

善为士者不武，[①]

①《说文》：武，楚庄王曰："夫武，定功戢兵。故止戈为武。"戢，藏兵也。

善战者不怒，

善胜敌者不与，[②]

②《说文注》：与，党与也。

善用人者为之下。

是谓不争之德，

是谓用人之力，

是谓配天古之极。

善为士者不武断，善战者不怒，善胜敌者不一味跟随，善用人者也善于为其解忧。是谓不争之德，是谓用人之力，是谓配自然之古极。

## 第六十九章

用兵有言，

吾不敢为主而为客，

不敢进寸而退尺。

是谓行无行，攘无臂，[1]

①《说文》：攘，推也。

扔无敌，执无兵。[2]

②《说文》：执，捕罪人也。

祸莫大于轻敌，

轻敌几丧吾宝。[3]

③宝，这里指身体。

故抗兵相加，

哀者胜矣。

用兵有言，我不敢因为君主或因为在主场而为客，不敢前进一寸而后退一尺，也不敢退一尺而进一寸。是谓：行动像无行动；推开存在或不存在的手臂；扔掉存在或不存在的敌人；寻找和捕捉存在或不存在的兵。祸莫大于轻敌，轻敌接近丧失我身体。故加上是防御的军队，悲哀一方可能胜。

## 第七十章

吾言甚易知，[1]

①《说文》：甚，尤安乐也。从甘，从匹耦也。

甚易行。

天下莫能知，

莫能行。

言有宗，事有君。[2]

②《说文》：君，尊也。

夫唯无知，

是以不我知。

知我者希，

则我者贵。[3]

③《释名》：贵，归也，物所归仰也。

是以圣人被褐而怀玉。[4]

④“是以圣人被褐而怀玉”句，而字亦训为二。和文化中玉关联二也。褐，与和类音。《周易·系辞传》是读古文的一把钥匙，归于说话行文之宗；《周易》之道同《道德经》之道。

我言辞跟随变化甚易知，而且它甚易行。但是天下莫能知，莫能行。言辞有一个祖宗（《周易·系辞传》），做事有尊。反复回应是：无知，是以无人懂我心。能知我者稀少，也是我的希望啊！那些尊我者珍贵也会有归处。是以这些，圣人披着粗布的黄褐色衣合于二，怀中揣着玉。

## 第七十一章

知不知，[1]上；

①《尔雅·释诂》：知，匹也。匹，合也。《注》谓对合也。按，匹，匹配也，偶也。其本涉及归纳、推理，也是逻辑体系的基本概念。《说文》：知，词也。从口从矢。徐锴曰：知理之速，如矢之疾也。

不知知，病。

夫唯病病，[2]

②《说文》：唯，诺也。唯诺有急缓之别。统言之则皆应也。

是以不病。

圣人不病，

以其病病，

是以不病。

由已知匹配（归纳、推理）出未知，乃向上；不知由已知到未知，乃病。谁反复承认病，是以不病。圣人不病，以其反复承认病，是以不病。

## 第七十二章

民不畏威，

则大威至。[①]

①《尚书·虞书·皋陶谟》："天聪明，自我民聪明。天明畏，自我民明威。达于上下，敬哉有土！"

无狎其所居，

无厌其所生。[②]

②《说文》：厌，笮也。《说文注》：厌，笮也。《竹部》曰：笮者，迫也。

夫唯不厌，

是以不厌。

是以圣人自知，

不自见；

自爱，不自贵。

故去彼取此。

民不畏威，则大威抵达。不要轻视其所居，不要厌恶其所生。反复承诺不逼迫，如此才是不厌烦。因此圣人自我对照，不是自以为是，自爱，不自我珍贵。故离开那个获得彼此。

## 第七十三章

勇于敢则杀，[1]

①《说文》：勇，气也。敢，进取也。於(于)，孝鸟也。象形。

勇于不敢则活。

此两者，或利或害。

天之所恶，

孰知其故？

是以圣人犹难之。

天之道，不争而善胜，

不言而善应，不召而自来，

绰然而善谋。[2]

②《说文》：绰，带缓也。

天网恢恢，[3]

③《说文》：天，颠也。至高无上，从一大。恢，大也。疏，通也。

④ 而字亦训为“二”。阴、阳也，道也。

疏而不失。[4]

勇气合于进取就是杀，勇气合于不进取就是活。此二者，那或利或害。什么是自然所厌恶的，孰知其故？是以这些圣人犹豫难出手。天之道，不争斗而善于胜，不言辞而善于应，不召而自来，飘在空中和善谋。天网广大，通于那无数的“二”永不失去。

## 第七十四章

民不畏死，

奈何以死惧之！

若使民常畏死，

而为奇者吾得执而杀之，[1]

①本章而字亦训为二。二，文中通正也。

孰敢？常有司杀者杀，

夫代司杀者杀，

是谓代大匠斲。[2]

②将（军）与匠（人）同音异体。《说文》：斲，斫也。匠，木工也。

夫代大匠斲者，

希有不伤其手矣。[3]

③《说文》：睎，望也。按，说文未收希，参考睎。《尔雅》：希，罕也。

民不畏死，奈何？用死令他们恐惧！若使民常畏惧死，那些使“二”进入奇数者，我领悟：可把握住“二”并捕杀他们，谁敢？常态有职司杀者杀，谁代替那些职司杀者杀，是谓替代木匠砍如大将军。谁代替大将军的砍杀，希有不伤其一只手。

## 第七十五章

民之饥，

以其上食税之多，

是以饥。

民之难治，

以其上之有为，[1]

是以难治。

民之轻死，

以其求生之厚，[2]

是以轻死。

夫唯无以生为者，

①《说文》：有，不宜之有谓有。

②“民之轻死，以其求生之厚”句，傅奕本作“民之轻死者，以其上求生生之厚也”。

是贤于贵生。

民之饥，因为他们上缴粮食税多，所以饥。人民难以治理，因他们上面谁的不宜之有为，所以难治理。民之轻视死，因其求生命之实在，所以民轻视死。那些遵循无而用生命作为者，是贤于珍惜生命。

## 第七十六章

人之生也柔弱，

其死也坚强。[1]

①《说文》：坚，刚也。强，蚚也。按，蚚，米中小黑虫，即“米象”。

万物草木之生也柔脆，

其死也枯槁。

故坚强者死之徒，

柔弱者生之徒。

是以兵强则不胜，[2]

②《尔雅·释诂》：则，常也。

木强则兵。

强大处下，

柔弱处上。

人出生时柔软和弱小，他们死时坚硬和刚强。草木万物生长柔软和脆弱，其死也枯槁。故，坚硬和刚强者死之门徒，柔软和弱小者生之门徒。正是兵强行常不胜，木强壮常被砍伐。强和大在下，柔和弱在上。

## 第七十七章

天之道，其犹张弓与！[1]

高者抑之，下者举之；

有余者损之，不足者补之。

天之道，损有余而补不足。

人之道则不然，

损不足以奉有余。[2]

孰能有余以奉天下，

唯有道者。

是以圣人为而不恃，[3]

功成而不处，[4]

①《说文注》与，党与也。

②《说文》：奉，承也。

③ 而字训为二。

④《说文》：処，止也。得几而止。按，说文未收录处，参考処。

其不欲见贤。[⑤]

⑤《说文》：贤，多才也。《说文注》：贤。多财也。财各本作才。今正。贤本多财之称。

天之道，其犹张开弓那般！高者抑之，下者举之；有多余者减之，不足者补足之。天之道，减有余而补不足。人之道则不自然，减那些不足的以奉承那些有富余的。孰能有富余而用以奉承天下，唯有道者。是以这些，圣人把握那“二”而不依赖，功成而不停止脚步，其不欲见多钱财之人。

## 第七十八章

天下莫柔弱于水，

而攻坚强者莫之能胜，

以其无以易之。

弱之胜强，柔之胜刚，

天下莫不知，莫能行。

是以圣人云，受国之垢，[1]

①《说文》：受，相付也。垢，浊也。

是谓社稷主；受国不祥，[2]

②《周书·武顺》："无道曰祥。"《说文》：祥，福也。

是为天下王。正言若反。

天下没有什么比水更柔弱，而攻坚强者没有谁有能力胜之，因其无所依靠改变它。弱之胜强，柔之胜刚，天下没有谁不知道这些，却无能行。基于这些，圣人说，那些受托国家并知道浑浊之构者，是谓社稷主；那些受托不祥和不明确者，是为了成为天下王。正面言辞顺其反面。

## 第七十九章

和大怨，[1]

①《说文》：怨，恚也。恚，恨也。

必有余怨，

安可以为善。

是以圣人执左契，[2]

②《说文》：契，大约也。按，左契，心灵之契也。

不责于人。

故有德司契，

无德司彻。[3]

③《说文》：彻，通也。司，臣司事于外者。

天道无亲，

常与善人。[4]

④《说文注》：与，党与也。

回应大怨恨以和，必有余怨，静可以为善。正是，圣人执心灵之契，他从不责于人。因此有德就把握契约，无德就把握那彻底（安善）。天之道无亲，常与善人同道。

## 第八十章

小国寡民，

使有什伯之器而不用，[①]

使民重死而不远徙。

虽有舟舆，无所乘之；

虽有甲兵，无所陈之，

使人复结绳而用之。[②]

甘其食，美其服，

安其居，乐其俗，

邻国相望，鸡犬之声相闻，

民至老死不相往来。

①《周书·大聚》："十夫为什。"《周书·武顺》："五五二十五曰元卒，四卒成卫曰伯。"《礼记·祭义》："军旅什伍。"《注》：士卒部曲也。俞樾说："什伯之器，乃兵器也。"

② 而字亦训为二。文武乎？

小国寡民，令其拥有军队并知道兵器而领悟不使用，使民重视死而不远徙。虽有舟车，无所乘之；虽有铠甲和士兵，无所陈列之，使人们结绳记事和捕猎。甘其食，美其服，安其居，乐其俗，邻国相望，鸡犬之声相闻，民至老死不相往来。

## 第八十一章

信言不美，美言不信；

善者不辩，辩者不善；

知者不博，[1]

博者不知。

圣人不积，[2]

既以为人，[3]己愈有；

既以与人，己愈多。

天之道，利而不害。

圣人之道，为而不争。[4]

①《论语·阳货》："博我以文，约我以礼。"《论语·子罕》："不有博奕者乎。"

②《说文》：积，聚也。

③《说文》：既，小食也。

④ 本章而字，训为二。

诚实之直言不美，美化之言不诚实；善者不争辩，争辩者不善；知者不博弈，博弈者不知。圣人不积聚什么，小食以为自己和他人，而自己愈长久拥有；全部与人分享，而自己愈多。天之道，利于“二”不伤害。圣人之道，把握住“二”不争。

# 参考书目


1. 高明《帛书老子校注》，中华书局出版；
2. （汉）河上公、（晋）王弼、（唐）杜光庭等注《道德经集释》，中国书店出版；
3. （唐）傅奕《道德经古本篇》注本，上海涵芬楼影印本；
4. 严复《老子道德经评点》，成都书局刊本；
5. 楼宇烈《王弼集校释》，中华书局出版；
6. 朱谦之《老子校释》，中华书局出版；
7. （汉）许慎《说文解字》，黄山书社出版；
8. （清）段玉裁《说文解字注》，中华书局出版；
9. 《康熙字典》（检索本），中华书局出版；
10. （晋）郭璞注《尔雅》，浙江古籍出版；
11. （汉）刘熙《释名》，中华书局出版；
12. （晋）王弼注、（晋）韩康伯注、（唐）孔颖达疏、（唐）陆德明音义《周易注疏》，中央编译出版社；
13. 金景芳、吕绍纲《周易全解》，吉林大学出版社出版；
14. 严复译〔英国〕约翰·斯图亚特·穆勒《穆勒名学》，朝华出版社；
15. 韩林合译〔奥地利〕维特根斯坦《逻辑哲学论》，商务印书馆；
16. 王路《逻辑与哲学》，人民出版社；
17. 于秀英译〔瑞士〕索绪尔《普通语言学导论》《普通语言学手稿》，商务印书馆；
18. （宋）朱熹《诗集传》，中华书局；
19. 伍中友译〔美国〕约翰·杜威《我们如何思考》，新华出版社；
20. 杨一之译〔德国〕黑格尔《逻辑学》，商务印书馆；
21. 贺麟译〔德国〕黑格尔《小逻辑》，商务印书馆；
22. *Tao Te Ching*（*Lao Tzu*），translation and commentary by James Legge，DOVER PUBLICATIONGS，INC.；
23. 赵彦春《道德经》英译本，高等教育出版社；
24. 林语堂《道德经》英译本，网络版；
25. 许渊冲《道德经》英译本，网络版；

26. 〔英国〕威利译《道德经：汉英对照》，外语教学与研究出版社。

参阅书籍不一一列出。翻译、校释参照底本，为严复先生《老子道德经评点》中之王弼注版。

## 跋

走走停停，

走走亭亭，

多识鸟木花草之名，

观日月星辰，海，

寻找那个心中的你。

啊，伟大的道神！

你将永存。

# 下篇

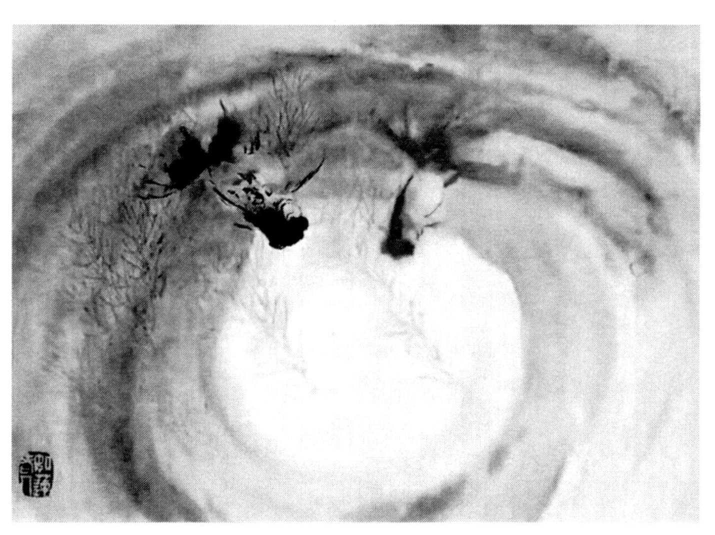

## 七绝

池上涟漪无幕月，
鱼儿摆尾窥天宫。
梦循草蔓通幽曲，
覆去翻来相望童。

# Introduction

The *Dao De Jing* is a book on logic and philosophy. It is a scripture that discusses the relationship between Dao (道 *Dao*) and virtue (德 *De*), as well as the relationship between human and nature. Its characteristics are simplicity, appropriate association between abstraction and objects, frequent new insights in reading, and its connotation and extension — energy, with a wide range of indications. The *Dao De Jing*, consisting of over 5 000 words, is a text written in human history using the unique grammar of Chinese numbers and principles that cross each other, and also supported by the Chinese language system. Chinese is referred to as the second language by linguist Ferdinand de Saussure, which is the theory of excluding the language of God. The *Dao De Jing* is using such language to discuss the relationship between human and nature, human and human, as well as change and harmony. Opposition, is it cooperation? What is the logic of front, back, and combination? That's the Dao. Philosopher Hegel should have read some translations of Chinese classics.

The opening sentence: "Dao that can be 'Dao-ed is not an unvarying Dao; Name that can be 'Name-d is not an unvarying

Name." Do these two sentences mean the same thing? And mutually interpret, establish the relationship between Dao and Name. This involves Chinese Zhouyi-Nameism (logic)[1] and Zhouyi-Daoism (philosophy)[2]. If we have understood these two sentences, then we have understood more than half of the *Dao De Jing*[3]. Dao is a word; Name, also. Dao and Name are verbs, nouns, and gerunds. Understanding these two sentences is also crucial for us to read other classic texts of classical Chinese. The word "Dao" has a proper name (Chapter 25, Philosophical Meaning of Dao) and a commonly used name: road, road said, walking in road (practice). Nameless is the proper name of the Name? "The beginning of heaven and earth is nameless (containing rich names)". And the beginning returns to the ultimate beginning.

In ancient Chinese books, the principle of using objects to explain things belongs to the norm. Therefore, the names of things in the *Dao De Jing* are particularly important and cannot be ignored. For example, those numerous mysterious "Doors" in Chapter 1 are crucial in this scripture, which are related to the beauty of Tai Ji (太极, see page 159). Mysterious 妙, a door that rotates and closes when viewed from a high place, at a certain specific speed, and the changes in the area it scans (positive and negative; Yin 阴 and Yang 阳) can be used to draw a Tai Ji concept map, linking some motion and mathematical concepts,

---

[1] Zhouyi-Nameism (周易名学) is approximately equivalent to logic.

[2] Zhouyi-Daoism (周易道学) is approximately equivalent to philosophy.

[3] The text involves phonetic notation, using modern Chinese pinyin (拼音).

differentiation and integration, continuity, discreteness, step, etc. It is also a basic door of method for observing everything.

It burns naturally. The text discourse takes the Dao (道) of nature and the virtue (德) of nature as the basic direction and background. Its Chinese writing is supported by the natural structure of the language and writing system. Among them, the important carriers of thinking, such as notes and variations, characters and variations, are widely used in texts, which are related to so-called hidden language, metaphors, and poetic language. The selection of characters involves mathematical matrices in sound, and the so-called Spring-Autumn grammar is related to these skills. Both the East and the West have their own Spring-Autumn grammar, which is supported by their own language and writing systems.

The philosopher Kant has talked about Dao (道) and De (德). Kant's sentence on moral law, one meaningful English version: Two things fill the mind with ever new and increasing guidance and redemption, the more of and more steadily one reflection on them: the moral laws above me and the moral law within me.

Interpretation of these sentences: Two types of things (infinite) fill my heart and follow the eternal fresh and increasing admiration and awe, belonging to that form (world formula) that is stable in the "one" and maps them: the starry sky, me, and the moral laws (laws, rules) in my heart. Here, the moral law is similar to *Dao De* (道德), while the law is similar to Dao (道). That is to say, the morality commonly referred to is not the morality of this scripture. In the *Dao De Jing*, there is also a lot of talk about "two", which is yin (阴) and yang (阳), which is 0,1. Similarly, it requires assignment and is infinite. The Two: natural world (yang

阳) and the moral law (yin 阴) are also a pair of relationships and can have countless combinations. And the people are in it.

What is the relationship between China's Zhouyi-Nameism, Zhouyi-Daoism, and Western logic and philosophy? During the Republic of China period, Yan Fu (严复), the president of Beijing University, translated John Stuart Mill's "A System of Logic, Ratiocinative and Inductive" into "Mill's Zhouyi-Nameism." From this, it can be seen that Yan Fu has gained insights from reading the *Dao De Jing*. Zhouyi-Nameism is approximately equivalent to logic, and Yan Fu has already understood it this way, and I also understand it this way: logic refers to those relationships, and the connection and crossing of names also involve those relationships, involving the inner essence of the things corresponding to names. And the English word: Philosophy, derived from a Greek word: φιλοσοφία, It is a joint phrase formed by the structure of friends and wisdom, and its original meaning should be: to be friends with wisdom. Based on reading many classic texts such as *Book of Songs* (《诗经》), *Book of Changes* (《周易》), *Dao De Jing*, *Logic*, and *Critique of Pure Reason* in both the East and West, as well as understanding, the so-called philosophy is: Zhouyi-Daoism. The Dao that can be 'Daoed is not an unvarying Dao; the Name that can be 'Named is not an unvarying Name. It's just that it belongs to the theory of Name and Dao. Confucius said, "Words only reach two in terms of change." Essentially, their content should be the so-called wisdom and consciousness of human survival, as well as the practical handling and arrangement of some relationships. The so-called two: the numerical abstraction of yin and yang, and the Tai Ji diagram belongs to this two, which is the greatest logical relationship. The so-called meaning (意义) arises from this, the so-called philosophy arises from this, and here the so-called logic and philosophy merge into one. That belongs to the God of Dao.

In the future, there should be a dedicated article discussing the relationship between Zhouyi-Nameism and Zhouyi-Daoism. The so-called Zhouyi-Daoism refers to the philosophical system composed of the Chinese classic *Book of Changes*, *Dao De Jing*, and other texts, while the so-called Zhouyi-Namaism refers to the logical system deduced based on the basic principles of the *Book of Changes*.

Should there be another question? Ludwig Josef Johann Wittgenstein's book was not satisfied with the connection between logic and philosophy before its publication. It should be because, like Bertrand Arthur William Russell and Friedrich Ludwig Gottlob Frege, he believed that logic needs to be divided into philosophical logic and mathematical logic, and he was not satisfied with the title of several languages, including Latin, German and English (Preface to Chinese Translation Compilation). Later, the official German and English bilingual book was published under the title "Tractatus Logico-Philsosphicus" in Latin. Translated into Chinese, it refers to the relationship between Zhouyi-Nameism (logic) and Zhouyi-Daoism (philosophy); the original English book title "Philosophical Logic" should be translated as "Philosophy With Logic". What we see is such a work on language philosophy. However, their confusion was already noticed by Chinese ancestors in the early stages of constructing the Chinese language and writing system, and was well resolved in many texts where numbers and principles intertwined. The *Dao De Jing* of the sage Li Er (李耳) is such a work. It can be considered that this book is the "Tractatus Logico-Philosophicus" from China two thousand years ago.

The background of the creation of the *Dao De Jing*: During the Zhou Dynasty, the situation was weak, and various feudal states fought for their hegemonic position, causing constant suffering among the people. As the librarian of the Zhou Dynasty, Laozi (老子) witnessed these and wrote this book.

My reading and translation experience: Dao (道) is the largest and most universal law in the natural world, as well as the most widely existing logic. In the real world, the middle way is Big-Dao. Harmony in the Middle, balancing possession and non existence, the virtue (德) lies within it.

## Chapter 1

The Dao[1] that can be Daoed is a not unvarying Dao;
The Name that can be Named is not an unvarying Name.
In the beginning, the nameless yet rich names
    between heaven and earth,
O, when there is a name that is the mother of all things.
Therefore, there is usually no desire
    to observe the overall subtlety of that thing,
    and there is a constant desire
    to observe its specific subtleties.
The two appear at the same time,
    and have different names,
    and the same is called mystery[2].
A mystical with a mystical,

---

[1] Dao (道) and Name (名) are nouns, verbs, and gerunds in Chinese. Dao (道), in Chinese, generally refers to the road, talking about (the road, the way and method of walking the road), and practicing the road; English words such as road, way, walking, talk, etc. can all be Dao (道) characters and homophones. The 道 character of Chapter 25's proper name — its pronunciation is also Dao.

[2] Mysterious (妙 *Miao*) and 眇 are homophones in Chinese. One version of the Silk Book, subtlety is 眇. 眇 has a meaning: open one eye, close one eye.

that is the Door[1] for people to follow divinity
in observing the fundamental method of all things.

[1] It is common for Chinese ancient books to express certain principles based on the specific characteristics of things. The gate of all wonders. *A door, from a height overlooking its rotation, opening and closing, at a certain specific speed, it scanned the area (positive and negative; Yin and Yang 阴，阳) changes can be drawn Taiji (太极) concept map, related to mathematics and motion, dynamic and static, constant speed and variable speed, differential and integral, continuous and discrete, rotation and step, etc. This Door is also a basic way for people to observe the world in accordance with the divine. No doubt the Chinese Sage Laozi (Li Er) understood those.

## CHAPTER 2

The world knows the diversity of beauty and pursues it,
requiring contemplation between beauty and evil[1];
The world knows the diversity of goodness and pursues it,
requires contemplation between good and bad.
The existence and non-existence are relative and unified,
difficulty and easy accomplish each other,
long and short are compared with their shapes,
high and low are envious of each other,
the tone and sound are in harmony,
and the front and the back follow each other.
And sage does something that seems to do nothing,
teaching without words;
All things arise from "two"[2]without litigation,
but like a yellow bird knowing its destination,
born from "two" without possession,
Holding "two" without dependence,
success without stopping.
Who never stays, so never leaves.

---

[1] In this chapter, beauty and evil belong to the Tai Ji thought of that door.

[2] In ancient Chinese, "而" and "二" are homophones, and often "而" and "二" can cross and borrow from each other. "The Name that can be Named is not a unvarying Name." The two in this world, namely yin (阴) and yang (阳), have and no, difficult and easy, beauty and evil, long and short, and so on, are a pair of relationships that belong to the origin of the proper name Dao.

## Chapter 3

Not advocating rich wealth,
  can prevent the people from chasing fame and profit;
  do not go to precious and rare goods,
  can prevent the people from stealing (盗 *Dao*);
And the people's minds will not be confused if things
  that stimulate desires are not seen.
Sage uses these as the root of governance,
  broadening their minds and enriching their belly;
Weakening their will to fight
  and strengthening their muscles and bones.
Normality makes the people understand knowledge
  and desires, and makes those
  who play with wisdom dare not do anything wrong.
Acting for inaction (understood the action?),
  then society will receive good governance over nothing.

## Chapter 4

The collision (impact) of the Dao,
　　the wonderful "two"[1] used
　　to borrow from each other
　　or not full
　　(if the virtual breath enters the empty tea cup),
　　the abyss seems to be connected
　　to the ancestor of all things.
Frustrate its sharp-breath,
　　unravel its complexity,
　　and follow its light (spirit) with its dust.
That subtle and profound or seems to exist!
To comprehend, I don't know who the son is,
　　this wonderful "two"
　　—In the beginning that Emperor's image.

---

[1] The "two" here refers to the yin (阴) and yang (阳) in Chinese culture, which is also the semiotic meaning of "0, 1". Here, Emperor refers to the image of the God in the hearts and eyes of the Chinese sage Laozi.

## Chapter 5

The heaven and the earth are not merciful
    and take everything as a sacrifice — a dog made from hay;
Whether Sage is not merciful
    and takes the people as a sacrifice — a dog made from hay.
Between the sky and the earth is it like a skin bag[1]?
The void and weak "two" did not yield,
    and the "two" movement seemed
    to appear with desire (欲) after healing[2](愈).
O, many words and infinite numbers,
It's best to hold the middle in your heart.

---

[1] Tuo Yue (橐龠), an ancient type of wind and fire blowing device made of leather and other materials.

[2] Yu (欲) and Yu (愈) have the same pronunciation in Chinese.

## Chapter 6

The divine nature of the brook-valley is immortal,
so the female called the divine secret,
the gate of the divine secret,
is precisely to repay the roots of the heaven and the earth.
If it exists continuously, and is not used frequently.

## CHAPTER 7

The sky is long and the earth lasts.
The reason why the sky and the earth can last long?
Because they don't grow by themselves,
    therefor, they can live forever.
So sage is behind others but actually in front,
    putting the body out of the matter
    and the body exists.
Isn't he using the nothing to reconcile his selfishness?
So that can achieve his selfishness.

## CHAPTER 8

Upward kindness is like water.
The goodness of water benefits all things
    without contention,
    and it is a place that everyone hates,
    so it is almost close to Dao.
Living in a good place, a good heart is like an abyss,
    followed by goodness and benevolence,
    the goodness of words is honest,
    politics follows goodness,
    the goodness of doing things lies in ability,
    and the goodness of moving is good at time.
Whoever promises not to fight, therefore,
    there is no worry or special.

## Chapter 9

To grasp the fullness of "two", it is better to stop.
Trying to figure out those "two" waiting for
 the rod to kill them,
 it is not a long-term guarantee.
The hall is full of gold and jade,
 and no one can hold it.
Rich and noble with arrogance,
 whoever keeps himself to blame.
Success, the body withdraws, that is natural Dao.

## CHAPTER 10

Carrying the lingering soul hold in one,
    can there be no separation and unity in one?
That special breath in one,
    extremely soft,
    can return to the baby, mom?
Clean the secret mirror, and can it be flawless?
Love the people and govern the country,
    can you comprehend ignorance?
The nature's door is open and closed,
    can you hold the female?
Understand and extend in all directions,
    can you comprehend inaction?
Born or raised, born in two who do not possess,
    held the two who do not rely on,
    and grown up in two who do not dominate,
    are called mysterious virtues.

## Chapter 11

Thirty spokes have one hub,
    and good recognition is nothing,
    and it has the function of a vehicle.
Make pottery with mud change,
    recognize it as if it is not,
    and have the function of utensil.
Chisel doors and windows take change as a room,
    and when it is not, it has the function of a room.
Therefore, the "being" knows that change
    is for the benefit of function,
    and the "nothing" knows that the change
    is for function.

## Chapter 12

O, five colors, make people blind;
Five sounds, make people deaf;
Five tastes, make people taste bad;
Gallop, hunting in the fields makes people's heart crazy;
Rare goods make people do harm.
Because of these, the sage holds the belly,
  not for the eyes,
  therefore, leave that and take this.

## CHAPTER 13

The favor and the humiliation are like fright,
    and precious great worries choose the body.
What are pet and humiliation like fright?
Favor, and behave downwards, whoever
    gains or loses will be frightened.
It is said that favor and humiliation are like fright.
What is a precious great worry,
    does it choose the body?
O, I have great sorrows,
    because I have a body,
    and that I have no body,
    what sorrows do I have?
Therefore, preciousness belongs to those
    who govern the world with body-life,
    and the world of choice can be expected;
Love, who governs the world with body-life,
    can entrust the world with a choice.

## Chapter 14

To perceive it but not see it,
it is named Yi (夷, flat and change);
Hear it but don't know what it sounds,
name it Xi (希, is rare and hopeful);
Capture it but can't get it,
name it Wei (微, small and subtle).
These three cannot be questioned separately
from each other,
because they are mixed and changed.
The top is not clear, and the bottom is not clear.
It is entangled like a rope.
It can't be said by name, going and coming,
repeating to nothing.
It is the state in which the state of "nothing" appears,
without the image of something,
which is called trance.
And greet those who do not see the head,
and follow those who do not see behind.
Holding the Dao, which has appeared since ancient times,
in order to control (predict, prevent) today's discord
with "formula" things and world affairs.
Being able to know that ancient beginning
is called Dao's Era (the extreme of Dao traces).

## CHAPTER 15

As a Shi[1], the ancient good is subtle and mysterious,
 but deep and unrecognizable.
It is not only difficult to identify,
 so it is forced to hold its appearance and behavior:
Its image returns to,
 like walking through a river in winter,
 hesitating as if afraid of neighbors on all sides;
Solemn, head-up appearance is like a guest,
 and its appearance is soothing,
 like the ice is about to melt;
That face is as solid as a bark (plain),
 that face is open and broad like a valley,
 and that face is symbiotic as muddy.
Who can slowly clear it from turbidity to quietness?
Who can live slowly with frequent changes?
Those who keep this Dao are not full of desires,
 and do not overflow repeatedly.
Therefore, they can conceal that the "two" is not new.

---

[1] Shi (士), intellectuals who do things, a hierarchical title in ancient society. Good Shi (善士), who understands the world's "formula (式 Shi)".

## Chapter 16

To reach the extremes of emptiness and reality,
    and keep the inner peace and focus on one.
Everything arises in parallel,
    and I observe and comprehend
    those repetitions in the changes:
All things are like grass,
    and their repetitions return to their roots.
Returning to the root means being quiet,
    and being quiet is the cover of repetition of life;
That repetition is regular (common sense; normality).
To know the law is to understand;
To not understand the common sense (normality),
    to act chaotically, and to be dangerous.
Knowing the appearance of normalcy,
    and can accommodate fair,
    fairness is king,
    king is nature,
    nature is Dao,
Dao is long, the body is annihilated and fearless.

## Chapter 17

Oh, too above (太上), knowing that
it exists permanently below.
Secondly, get close to the mixture of two
and one and praise it.
Secondly, be afraid of it.
Secondly, insult it.
If there is not enough confidence,
how can the yellow bird
not believe in the yellow bird?
The precious[1]words,
and the long-term connection to the return.
Merit, when something
is done with responsibility ends,
the people all say: I-nature[2]

---

[1] Preciousness (贵 *Gui*) and return (归 *Gui*) are pronounced similarly in Chinese.

[2] (This means: We originated from nature, belonging to nature, and we are nature). The original meaning of the word nature (自然) in ancient Chinese is that grass and wood burn freely when there is no influence of lightning and so on.

## Chapter 18

The Big Dao be abandoned, but there will still be
    benevolence and righteousness;
When the so-called wisdom comes out,
    it often accompanies great deception;
Six types of relatives are not harmonious,
    but there are also filial piety towards the elders
    and love for the younger;
The country is dark and chaotic, with loyal ministers.

## CHAPTER 19

Oh, Rejecting what is sacred
and abandoning the so-called wisdom,
and the real benefits of the people
will increase by a hundredfold;
Rejecting the so-called benevolence
and giving up the corresponding righteousness,
the people will restore their filial piety
to the elders and loving younger generations;
Rejecting ingenious material desires
with abandoning to chase benefits,
thieves (盗 *Dao*) will not exist for long.
Here the three formulations,
I think they hold culture is insufficient,
so I order them to belong:
more, see simplicity and hold simplicity,
less do not conform to the "formula" thinking,
with less desire.

## Chapter 20

Absolutely do not conform to the "formula" learning,
    no worries.
An answer between the mountains, how far are they?
Oho! Beauty and evil accompany, how to distinguish?
What people are afraid of, and cannot be without fear.
Barren, because it hasn't come yet!
The crowd was playing,
    like enjoying a huge prison
    (sacrifice and feeding place),
    like stepping onto the stage in spring.
I stayed alone in the uncracked oracle bone of
    the divination in the fire,
    as if a baby has not yet become a child;
The appearance of lost soul,
    if there is nowhere to return.
Everyone has forgiveness,
    and I am lonely if abandoned.
What a fool's heart I am! Chaos (pure)!
The lay people understand very well,
    but I am dim and unclear;
Ordinary people are observing something,
    while I am alone and frustrated.
Look down on those, like a sea,
    and a hope seems endless.
Everyone has hope, and I am alone

and stubborn as if I despise;

I am different from others,

and noble[1] is returning to my mother

and taking food as my mother[2].

---

[1] According to the *Explanation of Names* (《释名》) in ancient books of the Eastern Han Dynasty, nobility (贵) means returning (归), that is, the place where things belong. In Chinese, nobility and return are homophones.

[2] Mother, related to the first chapter of the mother of all things name.

## Chapter 21

Peeping carefully at the appearance
    of virtue in the hole, it follows Dao.
Dao is attached to things, in a trance.
Trance, trance, in which there is an image;
Trance, trance, in which there is something;
Far-reaching, gloomy, in which there is essence;
The essence is very pure and true,
    and there is honest faith in it.
Since ancient times and today,
    the name has not gone, and use these to read
    the virtues of the ancestors.
How can I know the image and state
    of the ancestors of virtue?
With this.

## Chapter 22

The twists and turns follow the thoughtfulness
and comprehensiveness,
the bending follows the straight,
the depression follows the full,
the run-down follows the new,
the less follow to get,
and the more follow the confusion.
In that change, sage holds them in one,
as the basic formula of the world.
And is not short-sighted and therefore understands,
not self-righteous and therefore outstanding,
not self-conquering and therefore has merit,
not self-pity, self-arrogance
and therefore can be long.
And does not fight with the basic formula,
therefore, no one
and nothing in the world can fight with it.
Who said in ancient times,
"The twists and turns follow the thoughtfulness
and comprehensiveness",
is not empty words!
The complete credibility rests with
the knowledge of the two.

## CHAPTER 23

The precious words of hope are attributed to nature.
Therefore, the whirling and erratic wind
    cannot run through a morning,
    and a shower cannot run through a day.
Who is doing this?
Natural heaven and earth.
The sky and the earth could not last long,
    and how about the relative birdman?
Therefore, those who follow the Dao
    in their actions align with the Dao,
    those who follow the virtues[1] of the Dao
    are like virtues,
    and those who are lost[2] are like arrows.
Like the Dao, the Dao is also happy for them to gain;
Like those who are virtuous,
    virtue is also willing to gain them;
Like the lost, arrows are also happy to get them.
Insufficient confidence, how can Yellow Bird
    not trust Yellow Bird?

---

[1] Virtual (德 *De*) and get (得 *De*) are homophones in Chinese.

[2] Loss (失 *Shi*) and arrow (箭 *Jian*) are homophones in Chinese.

## Chapter 24

Standing on tiptoes does not last long;
Striding hard to reach the distance;
Short-sighted people do not understand;
Self-righteous people are not good;
Self-conquerors have no merit;
Self-pity and pride will not last long.
On the Dao, it is said that excess food
    is a burden on the form.
Comprehension: Things[1] or aversion to them,
    therefore the long-term Dao
    is not in this situation.

---

[1] Nothing(无 *Wu*) and thing(物 *Wu*) and Comprehension(悟 *Wu*) are homophones in Chinese.

## Chapter 25

There are long-lasting things mixed together,
born before heaven and earth,
silence and emptiness!
The "two" is independent and does not change,
walks carefully, and the "two" never slackens.
The image of two female monkeys facing each other[1]
can be abstracted as the form
of the mother of heaven and earth.
I don't know the name, the word says: Dao (道),
and strong hold its name says: big (大).
The big said: disappear, the disappear said: far (远),
the far said: overturn (反).
Therefore, the Dao is big, the sky is big,
the earth is big, and the people are also big.
And there are four majors in this domain,
and the king is one of them.
People imitate the earth,
the earth imitates the sky,
the sky imitates Dao, and Dao imitates nature.

---

[1] 为(*Wei*) in archaic characters is the image of two female monkeys facing each other. Who is the main one among them, and who is the initial pole? The "two" here refers to yin (阴) and yang (阳), two relative Form of existence.

## Chapter 26

Heavy, it is the root of light;
Calm, it is the king of the restless,
precisely because these gentlemen have understood
not to leave their military equipment
and supplies all day long.
Although there is a view of glory and prosperity,
and private space is transcendent like a swallow,
how can one, as the lord of ten thousand chariots
and vast territories,
underestimate the world with one's own body?
Lightness leads to the loss of the essence,
impatience leads to the loss of the gentleman and.

## Chapter 27

Good deeds have no traces of vehicles or traces;
Good words have no flaws and no blame;
Good numbers do not need to
    be calculated and planned;
Good closings cannot be opened without the key;
Good knots cannot be opened
    without the agreement of the knot.
Sage is to save people by following
    these common senses, so no one is given up;
Common sense is good at saving things,
    so there is nothing to give up,
    the so-called: harmony in understanding.
Therefore, those who are good are the teachers
    of those who are not good;
Those who are not good
    are the wealth of good people.
If anyone does not cherish these teachers
    and do not love those treasures,
    although there is some wisdom,
    there will be great confusion and loss;
It means: important with precision.

## Chapter 28

Knowing its male, guarding its female,
　　is the stream of this world.
Grasping the stream of this world,
　　the continuous virtue never leaves,
　　returning to the baby repeatedly.
Knowing its white and guarding its black
　　is the fundamental formula[1] of this world.
Grasping the basic formula of this world,
　　the continuous virtue remains unchanged,
　　and returns to the infinite repeatedly.
To know its glory, guard its shame,
　　and be the valley of this world.
To grasp the valley of this world,
　　and the continuous virtue will be abundant,
　　returning to simplicity repeatedly.
The elements of simplicity scatter and become utensils,
　　which saints follow and use
　　to establish official names and responsibilities.
Therefore, great systems do not sever that formula.

---

[1] Yin (阴) and Yang (阳), which is the form (formula) of the world, is the grand Law; 0,1, being, no, they are also. And male and female, black and white, big and small, long and short, high and low, and so on, are sub laws. They are independent, relative, and integrated.

## Chapter 29

Who leads the desire to govern the world,
    and I have seen that it cannot be achieved.
The world is a vessel of natural divinity,
    which cannot be obtained for desires or persisted in.
And those who do will lose,
    while those who persist will lose.
Repetitive things either move or follow,
    or inhale or exhale, either strong or weak,
    or full or destroyed.
It is because these saints eliminate excess,
    luxury, and arrogance.

## Chapter 30

Using Dao to help people's leaders,
    without using military force to force the world,
    their affairs have a good cycle.
Wherever the army goes, thorns grow.
After the war, there must be a fierce and dangerous Year!
The good is the natural ripe fruit,
    and dare not use military force to take it.
When the fruit is unknown,
    no self-pity, no expedition, no arrogance.
When the result is unknown and must be done,
    decisive and not strong.
If things are strong, they will grow old, which means:
    ignoring the natural Dao,
    and ignoring Dao will end early.

## CHAPTER 31

Who is repeatedly beautifying weapons,
    and they are not instruments of peace.
Everything may dislike it,
    so those who have the Dao are not limited to it.
A gentleman's residence is valued on the left,
    while military use is valued on the right.
Weapons and armies, ominous tools that appear,
    are not the objects of a gentleman.
And cannot be reconciled and used,
    tranquility is the top priority,
    and after victory, both are not beautiful.
And who beautifies it is willing to kill.
Those who are willing to kill people continuously
    cannot aspire to the world.
Good things advocate the left,
    bad things advocate the right.
The deputy general is on the left,
    and the main general is on the right.
To put it bluntly, stop it with a funeral.
To kill and be killed, to mourn and cry for them.
Defeat, stop it with a funeral.

## CHAPTER 32

Dao is often in the nameless, simple although small,
and there is no competent minister in the world.
If the princes and kings can hold it,
everything will surrender itself.
The harmony of heaven and earth will drop sweet dew,
and the people will naturally reconcile each other
without order.
When a name appears in the initial system,
there is a name and its changes,
and the repeated changes
should be understood: stop.
Knowing moderation can not be dangerous.
It is equivalent to knowing that the Dao runs in the world:
just like a river valley knowing that
the Dao belongs to the great river and sea.

## CHAPTER 33

Understood people, have wisdom;
Know yourself, have understood wisdom.
Conquer others, have strength;
Self-conquerors are strong.
Knowing that contentment is wealthy;
Forcing someone to act with ambition (selfish).
Those who do not lose their place can be long;
Those who die but never die live forever.

## Chapter 34

Dao is big and wide, it can be left or right.
All things rely on it to live without words,
and success with the name
is not suitable for long-term possession;
It and all things are interdependent
and support each other,
and do not become masters of each other.
The normal state with no desire,
and the name can be attributed to small;
All things return to it like a yellow bird
but do not dominate each other,
the name can be big.
Because it never holds that big by itself,
so it can achieve its great.

## CHAPTER 35

Holding the one big image[1]
the world emerges.
Communication does not harm each other,
it is safe, peaceful, and moist.
Joy and bait, passersby should be satisfied
and know to stop.
Dao was Daoed out of mouth,
light and almost tasteless,
lacking in sight and hearing,
It's not enough as a snack.

[1] The image of the existence or absence, the image of the proper name of the Dao.

## Chapter 36

To follow that desire to shrink it,
    and must first open it,
    like a nose or a bow arrow;
To obey that desire to weaken it,
    must first strengthen it;
To obey that desire to destroy it,
    must first prosper it;
To obey that desire to take it,
    must first assimilate it,
    exactly what it means:
    the understanding of a covert behavior.
Softness is better than strength.
Fish cannot escape from the abyss,
    and the country's sharp tools
    cannot be displayed to people.

## Chapter 37

The normal state of the Dao

is to do nothing without doing anything.

If princes and kings can abide by it,

all things will follow and naturalize nature.

Resolve the rise of their respective desires,

and comprehend:

I will use the nameless simplicity

as a stone as large as heaven to suppress desires.

In nameless simplicity,

people will also have no desires.

Quiet with no desire,

the world is naturally safe and stable.

## Chapter 38

Upward virtue neglects virtue, so there is virtue;
The virtue below does not lose virtue,
    so there is no virtue.
The upward virtue is the unity of
    inaction and omnipotence,
    while the downward virtue is a useful act.
The upward benevolent behavior has no thought,
    the upward righteous behavior has thought,
    and no one knows the response
    to the upward ceremony,
    so the arm pushes it away and throws it away.
Therefore, losing the Dao leads to virtue,
    losing virtue leads to benevolence,
    losing benevolence leads to righteousness,
    and losing righteousness leads to etiquette.
For those with complicated etiquette,
    loyalty and integrity become thinner
    and chaotic hair begins to appear.
For those who have insight ahead,
    the essence of Dao is integrated
    at the beginning of stupidity.
Based on this, the big man stops at this thick,
    not at that thin;
Live in this reality, not in that vanity.
So leave that and take this.

## Chapter 39

In the beginning who got one?

The heavens obtain one[1] through change for clarity,

the earth obtain one

through change for tranquility,

the gods obtain one

through change for divinity,

the valleys[2] obtain one

through change for abundance,

all things obtain one

through change for life,

and the lords and kings obtain one

through change for divination of

the divine nature of heaven and earth.

One is the ultimate appearance[3]

If the sky is not clear, fear will crack;

---

[1] One (一 *Yi*) and changes (易 *Yi*) are homophones in Chinese. Yi (易) is a noble sound, and all things return to look up to it.

[2] In Chinese, valley and grain are homophones.

[3] A long time ago, a wise king obtained one and understood and created the *Book of Changes*. *Zhou Yi* (《周易》), the *Book of Changes*. Zhou (周), in Chinese, has the meanings of being meticulous, circular, universal, thoughtful, complete, and so on. The semiotic expression of the Zhou (周) character can be "0; O", while the expression of the Yi (易) character (change) can be "1; I".

If the earth is not quiet, fear will be abandoned;
If God has no soul, fear will rest and deflate;
If valleys are not filled, fear will dry up;
If all things have no life, fear will be destroyed;
The lords and kings, who are not noble or high,
will fear their downfall.
Therefore, nobility is rooted in poverty and lowliness,
while high is based on the bottom.
It is because these lords and kings call themselves:
solitary, widowed, and not grain.
Is this not based on poverty
and lowliness and harmonious?
Isn't it?
Therefore, the ultimate number of vehicles is:
vehicles have no vehicles.
Therefore, do not desire like jade,
and be elegant like stone.

## Chapter 40

What overturned, that was the Dao' activity.
Weak, that is the normal operation of Dao.
Everything in the world arises from being,
while being arises from nothingness.

## Chapter 41

The upper-class Shi (士) heard about Dao,
    and acted diligently;
The middle-class Shi heard Dao,
    and seemed to exist and seemed to die;
The inferior Shi heard Dao, and laughed,
    but not laughing is not enough to be the Dao.
Therefore, the big Tree's said:
    to understand that Dao is like sunrise,
    to enter Dao like retreat,
    and the flat Dao seems to have silk knots.
The noble virtue is like a valley,
    completely white as humiliation,
    broad virtue is like insufficient,
    and the establishment of virtue is like stealing,
    pledged to pure as defilement.
The big square has no corners (the concept of limit);
The big utensils and objects mature late;
The big sound is like precious hope;
The big image is invisible.
Dao is hidden and unknown,
    whoever is good at repeatedly borrowing
    and replacing it can achieve its name in many ways.

## Chapter 42

The Dao gives birth to one[1], the one born in two
gives birth to two,
the two born in three gives birth to those three,
and those three are nurtured
and transformed into all things.
Everything depends on Yin (阴) and holds Yang (阳),
as if two Gases collide with each other
and change for harmony.
And what people dislike is loneliness,
widowhood, and not grain,
and the kings and ministers use them
as their own titles because of fairness.
Therefore, the enlightenment (悟 wu) of things (物 wu),
either it suffers losses
and benefits at the same time,
or it benefits and suffers losses at the same time.
What people teach, I also change teaching.
Those who forcibly build bridges
are not allowed to die normally,
and I will use this as my godfather.

---

[1] In Chinese, one (一, *Yi*) and changes (易, *Yi*) are homophones.

## Chapter 43

When does the world appear extremely soft,
and when does the straight line gallop
appear extremely strong in the world;
Is nothingness and existence
accompanying each other in existence
(such as arrows shooting into the world
and disappearing into nothingness)?
With these, I have come to understand
the long-term benefits of inaction.
Teaching without words, the benefit of inaction,
the arrival of precious hope in this world
(this world's precious state of hope).

## CHAPTER 44

Who is closer to body and fame?
Body and goods, which one is more?
Gain and loss in one, which one is sick?
That's why whoever loves fame or goods
in particular has huge physical consumption,
and hides more of the body
naturally away from death.
Understood that satisfaction, no shame;
Knowing to stop, no danger, and can last for a long time.

## CHAPTER 45

What is lacking in its heyday,
    and what is used does not immediately decay.
A big full, if it gushes, is it infinitely useful?
Large straight lines are like curves;
Great cunning is like foolishness;
Big debates seem hard to put into words.
Impatience is better than cold,
    static is better than hot, pure and quiet
    to maintain the world for a long time.

## CHAPTER 46

When there is a Dao in the world,
who rides a horse to clean it up?
When there is no Dao in the world,
soldiers and horses appear in the suburbs.
There is no greater disaster than not knowing satisfaction,
and no greater blame than desire to obtain.
Therefore, the foot of satisfaction knows to stop,
and the normal pace is the same as satisfaction.

## CHAPTER 47

In the house does not go out,
    according to the known[1] match to the unknown
    and know the world;
In the window does not peep,
    according to the seen and revealed the natural Dao.
The farther out he goes, the less he knows.
Therefore, the sage knows the world
    not because of traveling,
    not seeing anything,
    but still being able to know the Names of things,
    and not doing anything to achieve perfection.

---

[1] In ancient Chinese, the word "known" has a matching meaning that involves induction and inference.

## Chapter 48

To hold the learning increases day by day,
    to hold the Dao decreases day by day.
Reduce and reduce again,
    in use, that extreme to nothing.
To get the world normal,
    should be nothing,
    and often something?
Not enough to take over the world.

## Chapter 49

Sage's normal state, no heart, and with the people's heart.
The kind, I treat them kindly;
The bad ones, I also treat them kindly, the good of virtue.
Those who are honest, I believe;
Those who are dishonest, I also believe, the faith of virtue.
Sage absorbs and absorbs in the world,
    and muddies his heart for the world.
Everything about the people flows into his ears and eyes,
    and the sage grows up with the children.

## CHAPTER 50

Out of life with into death and.
There are three out of ten disciples in life,
    and three out of ten disciples in death.
The movement of human life
    to escape from the place of death
    is also three out of ten in changes.
Why? With his birth and life in harmony with the time.
Vaguely heard:
    those who are good at absorbing and holding
    the living will not encounter
    the bison and tiger on the road;
Joining the army is an armored soldier without armor;
The bison has no place to hold its horns,
    and the tiger has no place to place its claws;
Soldiers have nowhere to keep his sharpness.
Why is this? Because there is no dead place yet.

## CHAPTER 51

The Dao gives birth to it, the virtues nourish it,
the things endow it with form,
and the situation and power achieve it.
Because of these, all things revere the Dao
and return to the precious virtue.
The reverence of the Dao, the preciousness of virtue,
and the ups and downs of life belong to
the natural norm.
Therefore, the Dao gave birth to it, and virtue breeds it:
growth, cultivation, shelter,
immunity, rest, and restoration.
Born in that "two" without possessing it,
grasping that "two" without relying on it,
and not dominating that "two" for a long time,
is called a quiet and distant virtue.

## CHAPTER 52

The world has a beginning,
so as to be the mother of the world.
Since we already know its mother,
we can know its son;
Since we already know its son,
we will go back and guard its mother,
without a body and without danger.
Isolate those whose words,
close their doors,
and not work hard until they lose their bodies;
Open up their words,
assist them in their duties,
and never stop them for life.
Can you see the small, that word: clear;
Hold onto softness, that word: strong.
By using its light, returning to its understanding,
not losing oneself or leaving behind disasters,
it is precisely grasping the learning routine.

## Chapter 53

Who makes me truly aware, walking in that big Dao,
    committing to practice is fear.
Big Dao is very flat, and people enjoy shortcuts.
Frequent changes in dynasties and emperors resulted
    in barren fields and empty warehouses;
Gorgeous clothing, convincing literary talent,
    carrying a sharp sword,
    crazy eating and drinking,
    inexhaustible wealth and goods,
    it is precisely: as the luxury of theft[1],
    it has crossed the path. It's not the Dao!

---

[1] In Chinese, stealing (盗) is a homophone with path (路) and Dao.

## Chapter 54

Those who establish kindness do not pull out something,
while those who embrace kindness
do not detach themselves from something,
so that the sacrificial activities of their descendants
do not stop.
Cultivate virtue in oneself, that virtue is true;
Cultivate at home, that virtue is more than enough;
To cultivate in a township, that virtue is eternal;
Cultivate in the country, that virtue is rich;
To cultivate in the world, that virtue is universal.
Therefore, observing oneself through the body;
View the family from the home,
view the countryside from the village,
view the country from the country,
and view the world from the world.
How can I know that the world is burning? With this.

## CHAPTER 55

Whoever possesses natural, deep,
    and thick virtue will be similar to a Baby.
And poisonous insects do not sting,
    fierce beasts do not approach or attack,
    and fierce birds do not come to fight.
Weak bones and soft tendons with firm grip strength;
The rise of the unknown combination
    of male and female,
    and the arrival of elite.
Shouting all day long is not hoarse,
    and it is also extremely harmonious.
Knowing harmony is called normality,
    understood normality is called understanding,
    which benefits life and is called auspiciousness.
A heart that deviates from nature is called strength.
When things become strong and follow old,
    it is said that they have left Dao,
    but do not follow Dao and end early.

## Chapter 56

Those who know do not speak,
    and those who speak do not know.
Isolating its words, closing its doors,
    defeating its sharpness,
    unraveling its distinctions,
    harmonizing with its light and dust,
    is called a peaceful and distant unity.
Therefore, affinity and estrangement
    are not due to those
    that can or cannot be obtained;
Available or unavailable, not harmed by benefits;
Being able to obtain or not being able to obtain
    does not result in nobility or poverty,
    therefore it is a precious return to the world.

## Chapter 57

According to the "two (fair)" in the middle,
govern the country,
use military according to different situations,
and seize the world with nothing to do.
How did I know it was burning? With this.
There are too many taboos in the world,
and the people are trapped in poverty;
More people have sharp tools, and the country
is becoming increasingly dim;
Many people form cliques to take advantage,
and strange things grow and rise;
More laws, more thieves (盗 *Dao*),
and longer term.
The sage said:
I do nothing and the people
will naturally naturalize;
I love tranquility and the people
will naturally fair;
I do nothing but the people
will naturally be rich;
I have no desires but the people
will naturally be simple.

## Chapter 58

Its politics are dull and stuffy,
    its people are pure and honest;
And its political investigation and reconnaissance,
    its people are both lacking and lacking.
Disasters arise with blessings;
Blessings with hidden disasters.
Who knows which pole it is?
And there is no right,
    normal and abnormal repetition, who is good
    at repeating these things as demons,
    and people get lost.
That kind of day is a cage and long.
Therefore, the sage's method
    is to grasp the "two" without cutting it off!
Honestly inclined without harm,
    straight without rudeness,
    bright without dazzling.

## Chapter 59

And governing people and serving the heavens
    is not as important as frugality.
Grasping it means: early obedience.
Early obedience and use
    are called thick accumulated virtues.
In this way, if one accumulates virtue repeatedly,
    there is nothing that cannot be overcome.
If everything can be overcome,
    one must not know its limits,
    and if one does not know its limits,
    one can have a country.
And with the mother of the country,
    it can last for a long time.
And is a deeply rooted,
    longevity and long-term observation Dao.

## CHAPTER 60

Governance of a great country is like cooking a small dish.
With the arrival and supervision of the Dao,
    its ghosts (1 阴 yin) cannot become a god (1 阳 yang).
It is not that its ghost cannot become a god,
    but that its god does not harm people.
It is not that the god (2 阴) does not harm people,
    nor does the sage (2 阳) harm people in change
    (the sage is similar to a god).
The repeated two do not harm each other,
    so the exchange of the virtues of the Dao
    is like a pair of yellow birds knowing the return.

## Chapter 61

The big nations flow down.
The world flows out of each other,
    and the world comes out of females.
Females usually win over males by calmness,
    and behave in the world by calmness:
Therefore, some small countries below a big country
    will take a small country;
Some big countries below a small country
    will take a big country.
Therefore, either change downwards to take,
    or downwards to take each other.
A big country just wants to annex animals and people,
    and a small country just wants to serve people.
Those two get what they want,
    and the big one should hold down.

## Chapter 62

The Dao, the mystery of the appearance of all things,
    is the treasure of good people,
    and is provided by evil people.
Beautiful words can be used in the market,
    and respectful behavior can benefit people.
If a person is not good, why abandon them!
Therefore, the establishment of the Son of Heaven
    and the appointment of three special ministers
    (fair, just, and open), although carrying Bi[1]
    and riding a carriage with four horses,
    it is better to sit on this Dao.
Why are ancient people precious in this Dao?
Doesn't it mean asking for it to obtain something,
    and having a sin to exempt?
Therefore, that preciousness is for the sake of the world.

---

[1] Bi (璧), a round flat piece of jade with a hole in its center. It is a ritual instrument.

## Chapter 63

Actions without actions (holding the O the holding),
things without things, tastes without tastes.
Big, small, and many, few, and repay resentment
with the virtue of the Dao.
The difficulty of planning lies in changes,
while holding the big lies in its details.
Difficulties in the world arise from ease,
and great events arise from detail.
This is because sages never pursue greatness,
so they can achieve their greatness.
If someone repeatedly and easily promises,
they will break faith and be lonely.
With many changes, it will be difficult,
because these sages hesitate
and are difficult to take action.
Therefore, there is no difficulty or disaster in the end.

## Chapter 64

Its tranquility is easy to grasp,
    the oracle bones of divination
    are not cracked and easy to plan,
    its fragility is easy to break in water,
    and its subtleties are easy to scatter;
To act before it appears,
    to govern before it becomes chaotic.
A tree that can be held, born in the end;
    nine story high platform,
    starting from soil accumulation;
    a thousand mile trip begins with one step.
Those who do not grasp these and fail,
    their arrows will lose their direction.
It is based on the sage's inaction that there is no defeat;
    without pursuit, there is no arrow or loss.
The people act according to the situation,
    often failing at the point of almost success.
Be cautious in the end as before,
    and there will be no failure.
Therefore, the desire of the sage is not desire,
    not precious in rare goods,
    learning but not learning,
    and reviewing the causes of everyone's mistakes.
To assist the nature of all things,
    and sages dare not do anything about "two".

## Chapter 65

In ancient times,
those who were good at grasping the Dao
were not using their changes
to make the people understand,
but using their changes
to make the people aware of their foolishness.
The people are difficult to govern
because they have many strange wisdom.
Therefore, those who govern the country
with wisdom are thieves of the country;
Not governing the country with wisdom
is the blessing of the country.
Knowing both of these is a form of examination
and discussion in the midst of change.
And it is often known that examining this formula
refers to the virtue of being quiet and distant.
The virtue of the Dao is deep, far, and opposite to things,
and then reaches the highest level of smoothness.

## Chapter 66

The reason why rivers and seas
    can be the kings of hundreds of valleys
    is because they are good at appearing below,
    so they can be the kings of hundreds of valleys.
Therefore, in order to elevate the people,
    one must use words that they can understand;
If you want to advance to the people,
    you must be behind them.
Therefore, the sage is at the top but the people
    are not heavy,
    and the sage is at the front but the people
    are not harmed.
Therefore, the world is willing to recommend
    and the two are not disliked.
Because he does not compete,
    no one in the world can compete with him.

## CHAPTER 67

Everyone in the world says:
My Dao is great, and it doesn't seem very similar.
Because it is large, it doesn't seem like it.
If like, over time, its details will also be repeatedly similar.
I have three treasures, hold the two to care for them.
First is kindness, second is frugality, and third is not daring
    to control the progress of the world.
Kindness, therefore being able to be brave;
Frugality leads to vastness;
Fare not hold the progress of the world,
    thus able to achieve success for a long time.
Nowadays, abandoning kindness and bravery,
    abandoning frugality and extravagance,
    abandoning the past and leading, and dying!
Eternal kindness, used in battle to win,
    used in defense to strengthen,
will be saved by heaven, and guarded by kindness.

## CHAPTER 68

A good Shi (士) who is not arbitrary,
a good fighter is not angry,
a good conqueror does not blindly follow,
and a good user of people
is also good at relieving their worries.
It means the virtue of not fighting,
the use of human power,
and the matching of the ancient poles of nature.

## CHAPTER 69

There arc words about using soldiers.
I dare not be a guest because of the monarch
    or because I am at home.
I dare not advance one inch and retreat one foot,
    nor dare I retreat one foot and advance one inch.
It means: action is like inaction; pushing away arms
    that exist or do not exist;
Throw away enemies that exist or do not exist;
Find and capture soldiers that exist or do not exist.
There is no greater disaster
    than neglecting the enemy,
    as neglecting the enemy approaches
    the loss of my body.
Therefore, with a defensive army,
    the sorrowful side may win.

## Chapter 70

My words are easy to understand with changes,
    and it's easy to act on.
But no one in the world can know, no one can act.
There is an ancestor in language,
    and there is respect in work.
The repeated response is: Ignorance, so no one
    has understood my heart.
It's rare to know me, and it's also my hope!
Those who respect me are precious
    and have a place to return.
Therefore, the sage was dressed
    in a coarse yellow brown cloth
    and folded in the two, carrying jade[1] in his arms.

---

[1] Jade (玉 *Yu*) and encounter (遇 *Yu*) are homophones in Chinese. Jade is a symbol of Chinese harmonious culture, and jade culture is related to "two".

## CHAPTER 71

From known matching (induction, inference) to unknown,
    it is upward;
    and the unknown from known to unknown
    is a disease.
Whoever repeatedly admits illness is not ill.
A saint is not ill, and by repeatedly admitting illness,
    he is not ill.

## Chapter 72

If the people are not afraid of power,
    then great power will arrive.
Do not underestimate their place of residence,
    do not despise their birth.
And repeatedly promises not to be forced,
    so it's not boring. Therefore,
    the sage's self comparison is not self righteous,
    self loving, and not self precious.
So leave that to gain each other.

## CHAPTER 73

Courage combined with progress is killing,
    courage combined with not making progress is living.
Both of these can be beneficial or harmful.
And what is nature's aversion, and who knows why?
Because these saints hesitate and are difficult to take action.
The Dao of heaven is good at winning without fighting,
    good at responding without words,
    coming without calling,
    floating in the air and good at planning.
Sky-net is big big, connecting with "Two" and never losing.

## CHAPTER 74

The people are not afraid of death, why?
Fear them with death!
If the people are constantly afraid of death,
    those who make "two" enter the odd number,
I understand:
    can you hold "two" and kill them, who dares?
Normally, there are professional killers to kill.
Whoever replaces those professional killers to kill
    means replacing the carpenter
    and chopping like a general[1].
Who replaces the general's chopping,
    hoping not to hurt one of his hands.

---

[1] Carpenter ( 匠 *Jiang* ) and general ( 将 *Jiang* ) are homophones in Chinese.

## Chapter 75

The people are hungry
 because they pay too much grain tax,
 so they are hungry.
It is difficult for the people to govern
 because it is not suitable
 for them to do something above them.
The people despise death
 because they seek the reality of life,
 so they despise death.
Only those who do not rely on living to act
 are virtuous in cherishing life.

## Chapter 76

People are born soft and weak,
    and they die hard and strong.
The Plants and everything is born soft and fragile,
    and their death is also withered.
Therefore, the hard and strong
    are the disciples of death,
    and the soft and weak are the disciples of life.
It is the soldiers who are often defeated by force,
    and the strong trees are often cut down.
Strong and large at the bottom,
    soft and weak at the top.

## CHAPTER 77

The Dao of heaven is like opening a bow!
Those who are high will suppress it,
    while those who are low will lift it;
Reduce any excess and make up for any deficiency.
The Dao of heaven is to reduce excess
    and make up for deficiency.
The Dao of people is unnatural,
    reducing those who lack
    and flattering those who have surplus.
Who can have surplus to flatter the world,
    only those who hold the Dao.
Therefore, the sage holds onto the "two"
    without relying on it,
    achieves success without stopping,
    and does not want to see a person
    with a lot of money.

## CHAPTER 78

There is nothing in the world that is weaker than water,
    and no one who conquers the strong
    has the ability to win
    because they have nothing to rely on to change it.
Weak triumphs over strong, soft triumphs over hard.
There is no one in the world who does not know these,
    but cannot do them.
Based on these, the sage said that those who
    are entrusted with the state
    and are aware of the turbid structure
    are called the lords of the state;
Those who are entrusted with misfortune
    and ambiguity are meant to become
    the king of the world.
    Positive words follow the opposite.

## CHAPTER 79

To respond to great resentment with peace,
there must be remaining resentment,
and tranquility can be good.
It is precisely that the saint holds the heart-soul bond,
and he never blames anyone.
Therefore, if there is virtue, grasp the contract,
and if there is no virtue, grasp the thoroughness.
The Dao of Heaven has no relatives,
often with good people.

## Chapter 80

Small country, independent, few people,
order it to have an army
for a long time and know weapons,
but understand not to use it,
let the people respect death and not migrate far.
Although there are boats and vehicles,
there is nothing to ride on;
Although there are armors and soldiers,
there is nothing to show off,
let people tie a rope to remember and hunt.
Be willing to eat, appreciate their own clothing,
be peaceful and enjoy their homes,
rejoice in their customs and habits,
neighboring countries look at each other's souls,
chickens and dogs hear each other,
and people will not communicate with each other
until they are old and dead.

## Chapter 81

Honest and outspoken words are not beautiful,
    and glorified words are dishonest;
Those who are good do not argue,
    and those who argue are not good;
Those who know do not play games,
    and those who game do not know.
Sage doesn't accumulate anything,
    snacks are for oneself and others,
    the longer oneself owns;
All share with others, and the more oneself.
Heaven's Dao is good for "two in one" without harm.
Sage's Dao, to hold "two with one" without fighting.

# Afterwords

Walk, walk, stop, stop,
Like a young girl standing in a pavilion,
More recognition of flowers and grass,
And the names of birds and trees,
Observing the sun ,moon, stars, and the sea,
Searching for the you in your heart,
Ah, the great Dao God,
You will exist forever, forever.